U0041603

NFT 投資聖經

**全面即懂的終極實戰攻略，從交易、發行到獲利，
掌握市值破千億的元宇宙經濟商機**

NFTs For Dummies

作者

蒂安娜·勞倫斯
Tiana Laurence

金瑞榮 博士
Seoyoung Kim, PhD

譯者

布萊恩

目錄

推薦序
NFT——和你我未來皆有關的區塊鏈技術

2008年一個網路匿名為中本聰（Satoshi Nakamoto）的帳號，在技術論壇上發表一篇《比特幣：一種點對點的電子現金系統》（Bitcoin: A Peer-to-Peer Electronic Cash System）的論文，內容描述一種被稱為比特幣的電子貨幣及其演算法，「區塊鏈」一詞由此開始萌芽。這名詞在2017年前僅有少數對技術感興趣的朋友聽聞，多數人將其當成一種工程師討論的新技術。

我初次接觸這個技術源自2013年，一位朋友與我分享他和他的團隊遠赴美國，參加了第一屆比特幣駭客松（hackathon）大賽並拿到冠軍，這個特別的消息引起我的關注。早期區塊鏈技術的發展總伴隨幣價起伏跌宕，是創新技術圈的小眾市場；2016年以太坊將智能合約技術加入區塊鏈世界後，其運行的架構才應運而生，開啟市場對於區塊鏈技術的應用。

2017年以太坊的智能合約讓首次代幣發行（ICO）成為一種創新的募資方式，它取代過去大眾所知在證券市場的股票首次公開發行（IPO），創造了區塊鏈產業的繁榮昌盛。其實，ICO應用的技術與目前NFT所使用的技術相同，均為架構在底層區塊鏈技術上，使用智能合

約所發展出的一種應用。ICO發行的代幣（token）為依循ERC-20協定的「同質化代幣」（FT），與「非同質化代幣」（NFT）正好是對比。

市場在非理性成長的狀態，雖讓大眾快速得知區塊鏈產業，但政府和一般民眾對於這項技術的陌生，因而帶來許多的投機行為和詐騙現象，更挑戰了許多國家的監管底線。有鑑於此，各國政策開始緊縮，搭載著混亂和海量的負面消息，區塊鏈產業在短暫的榮景後消沉數年。直到2020年，因全球疫情，人們對於資金運用的避險情緒高亢，大眾因而將目光再次投向區塊技術，NFT為區塊鏈產業再次揭開了新氣象。

區塊鏈技術透過NFT再次成為大眾關注焦點，但其背景與過去有著巨大差異。基於過往經驗，全球政府和企業對於區塊鏈技術已不陌生且生態圈逐漸成熟，各國亦開始有相對應之法規與監管辦法應對這項新技術。各行業不在只是觀望而是擁抱，如Adidas購入SandBox的虛擬土地和BAYC，NIKE購買了RTFKT（虛擬球鞋的設計公司）。

新技術會帶動市場討論熱度，再次來襲的風暴狂潮依舊迷人。然而，熱潮中有新機會，無知則會讓自己不僅無法抓住機會，更有極大可能一失足成千古憾，如同美國投資家巴菲特（Warren Buffett）名言：「風險來自對於自己投資行為的無知。」

自2021年3月，美國數位藝術家Beeple（Mike Winkelmann）於佳士得拍賣創下超過6,900萬美金的成交價後，NFT被大眾關注的鐘聲正

式敲響！數位創作、音樂、行為藝術、遊戲等等各種過去難被明確定義的數位產權因NFT產生改變。

NFT的應用亦同時開啟了元宇宙（Metaverse）的起點，虛與實的疆界透過 NFT確保了價值的連結，而我們則正站在這個起點。一切的開始總伴隨著渾沌和朦朧，這種不確定性則充滿著各種的可能與新機會，同樣充斥著極高的風險和未知，因此在邁入新領域淘金時，若能有一本地圖指南將有助於趨吉避凶。

本書作者Tiana Laurence長期關注區塊鏈產業，之前已出版過《Blockchain for Dummies》一書，是區塊鏈科普經典之作。此次推出的《NFT投資聖經》，以深入淺出、圖文並茂的設計呈現給讀者，讓大眾能輕鬆地建立區塊鏈基礎知識，瞭解NFT發展脈絡，認識著名的項目及其背後成因。

撰文脈絡先從整體輪廓作介紹，進一步說明該如何擁有一個NFT後，才更深入地介紹智能合約的撰寫及佈署。雖我已在區塊鏈產業耕耘數年，但在翻閱這本書的過程仍讓我感到驚艷與得益，許多實戰上需要注意到的地方這本書都有清楚的提醒，對於各面向的解釋十分細緻，可以滿足對於NFT有不同階段需求的讀者，誠摯推薦！

LeadBest 賦能投資顧問集團執行長
EchoX 執行董事
李佳憲 Neil Lee

前言

歡迎來到《NFT初學聖經》！這本書是為了對NFT的起源、應用與根源技術感到好奇的你所撰寫的。

你將能從本書中找到幫助你探索NFT領域所需的資訊與建議，以及帶領你逐步設置存放NFT的熱錢包（hot wallet）、探索NFT市集，甚至建立專屬你個人的NFT。

為了忠實傳達NFT本身的多領域特性及其所代表的含意，書中包含電腦程式、數學、契約理論以及經濟學的元素，即使你不具備相關背景也能順利讀懂本書。

關於本書

顧名思義，本書主要說明NFT相關的基礎知識，但我們也會觸及智能合約與區塊鏈技術的概念以便解釋NFT如何加密與運作。同時我們也會提到NFT在經濟與法律等議題方面可能達成的諸多可能性。

這本書涵蓋的範圍從輕鬆的小遊戲、未來NFT應用的領導思維，到驅動NFT的智能合約與確保其安全性的區塊鏈等更多技術面的說明，保證能夠滿足廣大族群的需求。

你不必讀完整本書，可以只針對想知道的部分看，本書想做的就是讓所有讀者的閱讀過程可以依個人需求客製化——無論你只是出於好奇想了解NFT這個術語、對買賣NFT感興趣，或是充滿幹勁地想建立並使用自己的ERC-721非同質化代幣。

超直觀假設

我們對你所做的最大假設就是：你對了解NFT非常有興趣。真心不騙！然而撰寫書中的「如何……」指南時，我們還是做了些額外的假設。儘管我們把你當作電腦程式、區塊鏈技術或虛擬貨幣交易的超級新手，我們會假設你：

» 持有電腦以及網路連線。

» 有使用電腦與網路的基本常識，懂得如何下載、安裝與執行程式。

» 對較長的網址或雜湊函式（hash）可能被截成兩行有概念，使用時需整條一字不差地複製，也就是完全忽略斷行的存在。

» 理解虛擬貨幣的世界日新月異，當你閱讀本書時，部分範例可能已不符合現況。

最後一項假設是你明白我們不提供投資建議也不是受託人，而且書中所描述的買賣市集，以及我們提供的逐步交易指南僅供參考。

使用圖例說明

我們將使用下列的圖示來提醒和標示重點：

「小撇步」用來表示捷徑或不會毀掉整個系統（到後面你就知道了）的簡易改編。

「筆記」用來標示特別重要，或是有助於避免後續觀念混淆的資訊。

「科技宅專區」提醒你這裡較偏技術層面，為即使忽略也不影響大觀念理解的資訊，若你是3C白痴請迴避，科技狂則可以繼續往下看。

「注意」表示看過來！這些重要資訊攸關你的時間、腦力、代幣，甚至友誼！

額外好康

除了你正在閱讀的紙本或電子書外，本書還附贈一張可隨處使用的綱要小抄，其中包含一些補充說明以及可複製貼上的程式碼供你參考，相信它能在你進入美妙的NFT世界路上有所幫助。取得方式非常簡單，只要前往www.dummies.com並在搜尋欄位輸入「NFTs For

Dummies Cheat Sheet」即可。

〈前言〉之後該往……？

儘管聽起來很像廢話，我們建議你從第一章開始。接著，你可以根據你較感興趣的主題，如NFT的交易、挖幣或它的創意用法來開啟專屬於你的旅程。

你不必為了了解特定主題去讀完整本書，如果有特定部分或章節接續著前面章節所提到的知識，我們會適時註明並引導你。

來，現在讓我們開始吧！

1

初步認識
NFT

在這一部分你將會：

了解什麼是非同質化代幣

接觸最初的 NFT：謎戀貓

發現如何擁有你自己的 NFT

學到 NFT 現行及未來可能的應用

» 介紹NFT應用實例

» 理解NFT的原理

» 說明NFT作為投資工具的應用

第 1 章
什麼是
非同質化代幣

故 事要從第一個以區塊鏈技術建構的加密資產「比特幣」說起。隨著近期比特幣價格的攀升（圖1-1），加密貨幣再度在網路上掀起熱烈討論。事實上，美國境內Google搜尋趨勢顯示Google使用者對比特幣感到好奇的程度與對美國新任總統的不相上下（圖1-2），而NFT受到關注的程度自然也隨這波比特幣熱潮水漲船高（圖1-3）。

隨著藝術品燒毀儀式被熱烈報導以及要價數百萬美元的NFT出現，人們對這其實相當正常卻被誤解的數位產物，產生了一種混雜著驚奇、疑惑甚至鄙視的心態。

在這一章中，我們將為你說明有關NFT的基礎知識，包含它是什麼、如何運作以及它的用途。這麼做是為你提供一張導覽地圖，讓你選擇想要繼續深入了解的面向，以便在接下來的章節中可以量身定做屬於你個人的閱讀旅程。

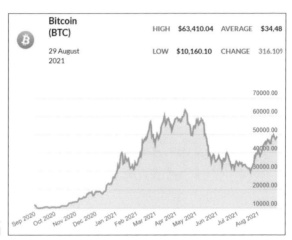

圖 1-1
比特幣價格圖

圖 1-2
Google 關鍵字搜尋
趨勢圖——
「比特幣」vs「拜登」

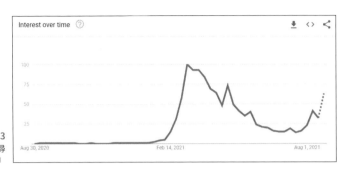

圖 1-3
Google 關鍵字搜尋
趨勢圖——「NFT」

話說從頭：什麼是「非同質化商品」？

在購買本書之前，你可能已經從朋友那裡或Google得知NFT代表「非同質化代幣」（non-fungible token）。雖然代幣本身是相對近期發展出來的產物，而將商品分為可替代（fungible）與不可替代（non-fungible）的概念卻行之有年。

以美元鈔票、微軟股票與比特幣為例，他們各自都代表一個明確定義的集合，且集合中的每個組成都是可替代的。簡單地說，只要張數正確，我們對收到的美鈔並不會特別在意，因為每一張鈔票都滿足同樣的作用與義務。

而不可替代商品也是我們生活中常見且更加普遍的一部分。想想雜貨店裡的蘋果、花店的蘭花與演唱會的門票：我們買水果與花時，會仔細挑選比較美麗或碰撞少的品項；而每張演唱會門票代表的是不同的座

位，你絕不會甘願拿一張搖滾區的票去換小巨蛋頂樓的座位。

不可替代商品本質上就比較難以系統化地記錄與追蹤，首先它們需要儲存更多的資訊來表彰其獨特性。儘管我們無法將世上一切都數位化，在很多情況下若有一個可靠、透明、自動的系統能夠協助我們歸納、整理與追蹤重要的不可替代商品，將會使生活簡單許多。這時候NFT就派上用場了！

所謂的非同質化代幣，就是一種加密並儲存於公開區塊鏈上的專屬數位識別碼。代幣與代幣之間不可互換，也不能被進一步分割。

NFT所實際代表的意義取決於開發者的意圖，如同加密貨幣（或同質化代幣）可以是全球通用的交易媒介（比特幣）、驅動智能合約的功能性代幣（以太幣）或是連結基金中某檔股票的金融證券（BCAP），NFT現行及可能的應用也有所不同。

儘管一般大眾直到最近才開始引發討論，NFT早在數年前就已在開發者社群中遍地開花。繼2009年發行的比特幣（Bitcoin）、2011年發行的萊特幣（Litecoin）和2013年發行的狗狗幣（Dogecoin）之後，類似的項目大量湧現且產生各自的同質化代幣。在這波加密貨幣浪潮中，開發者們開始預見類似加密貨幣版本的「豆豆娃」（Beanie Babies）與棒球球員卡片等數位收藏品的發展性。這樣的項目需要另一種代幣規

格標準來確保每一個加密娃與加密球員卡的獨特性與不可分割性。

最後，當「謎戀貓」（CryptoKitties，會在第二章更詳細地說明）這個2017年於以太坊（Ethereum）首發的NFT取得了空前的成功後，ERC-721非同質化代幣規格標準很快就成為開發者們的藍圖。從那個時候起，NFT出現了爆炸性的成長，單單在以太坊上部署的NFT就有超過15,000個（圖1-4）。

Non-Fungible Tokens (NFT)

A total of 15,836 ERC-721 Token Contracts found

First < Page 1 of 317 > Last

#	Token	Transfers (24H)	Transfers (3D)
1	MutantApeYachtClub The MUTANT APE YACHT CLUB is a collection of up to 20,000 Mutant Apes that can only be created by exposing an existing Bored Ape to a vial of MUTANT SERUM or by minting a Mutant Ape in the public sale.	22,593	22,593
2	Al Cabones (ACBN) The collection consists of 10,000 wanted skeleton mobsters each carrying their own history of ruthless crime.	14,670	18,332
3	Tokenmon	13,828	13,828
4	Hype Hippos	11,185	11,185
5	Drop Bears (DBS) Drop Bears are a collective of 10,000 koalas living on the Ethereum blockchain.	10,925	10,926

圖 1-4
最活躍 NFT 前五名

NFT 的用途

雖然NFT仍處於新生萌芽階段，開發者們已經想出各式各樣能夠善加利用NFT的場景。最直覺同時也是目前市面上最普遍的用途，就

是用NFT追蹤數位收藏品，其後遊戲道具與數位媒體方面的應用也應運而生。

儘管NFT呈現爆量狀態，目前大多僅用來將收藏品貨幣化，其他的應用與執行仍相當有限。在此同時，能夠快速致富的刻板印象及伴隨而來的不擇手段的投機客也深深困擾著加密貨幣與NFT產業。

話雖如此，我們仍能預見許多NFT的有趣應用，甚至可能徹底改變我們驗證、追蹤與指定珍稀物品的所有權的方式，或讓內容創作與發佈更有效率地觸及大眾，例如不用再花費大把精力去驗證一個稀有收藏品過往的持有者，甚至未來eBay上昂貴的競標品就附有以太坊區塊鏈上的所有權證明。現在大家的注意力大多集中在投機與臆測上，但上述諸多可能性所代表的令人興奮的潛在價值，使那些因NFT致富的百萬富翁、NFT詐騙集團相關的新聞頭條相形失色。

加密貨幣也曾經歷類似的過程，有人抱持高度懷疑，也有人熱烈地接受。然而，隨著政府與主要金融機構開始接受比特幣與以太幣，其底層的核心技術就成為了討論的重點。儘管NFT有加密貨幣這個發展史也稱不上很長的先驅領路，我們還需要更多時間觀察NFT生態圈會如何演化，以及它會帶來什麼樣的新發展。

NFT 的原理

大家經常會對NFT本身與NFT所代表的意義產生混淆。NFT指的是一種經過加密且能夠證實你擁有或有權存取一件數位藝術品的數位紀錄，有點類似你的牌照申請書證明你是正牌車主的概念。沒有牌照申請書，這部車就不算真正屬於你；同理若沒有相對應的NFT，你就不算真正擁有你jpeg收藏庫裡面的謎戀貓。

我們以「變異猿」（Mutant Ape Yacht Club, MAYC）的加密收藏品為例，這個新推出的奇異變種（而且可能有參加某遊艇俱樂部的）猿猴

圖 1-5
OpenSea 上公開出售的變異猿們

系列在NFT收藏家間掀起最新的一股熱潮，成為目前市面上最活躍的ERC-721代幣（圖1-5）。但是，擁有某一隻變異猿到底代表了什麼呢？

當瀏覽OpenSea交易平台（我們在第四章與第十二章中談到的NFT市集之一）上出售的變異猿們時，可以發現強烈鮮明的圖像與特徵（圖1-5）。你所看到的是每一個變異猿在視覺上的呈現，但是每一隻猿猴背後的NFT是位於以太坊區塊鏈上經加密的專屬數位代碼。

以圖1-5左上角的變異猿#7632為例，購買這一個NFT代表你成為7632號代幣於以太坊區塊鏈上合約0x60e4d786628fea6478f785a6d7e704777c86a7c6紀錄中的正當擁有者。任何所有權的移轉都會被記錄在區塊鏈上，因此變異猿#7632的出處以及現任正當擁有者都能進行查詢（圖1-6）。

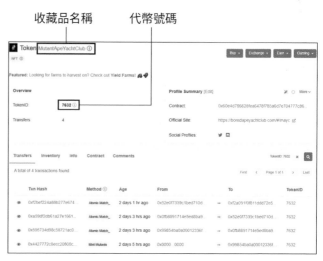

圖 1-6
變異猿 #7632

本書撰寫期間，市面上共有14,688隻變異猿與7,709位持有者。你可以在 https://etherscan.io/token/0x60e4d786628fea6478f785a6d7e704777c86a7c6 查詢每隻變異猿的詳細資料與擁有者。

你所購買的數位藝術品能夠輕易地被複製（相信大家都會螢幕截圖這招），然而因為NFT被安全地保存在公開區塊鏈上，使非法轉讓、複製或用其他方式入侵的難度大大提升。NFT的精妙之處在於底層的技術集結了智能合約與廣佈的驗證者，讓你能夠自動可靠地確認這14,688隻變異猿各屬何人所有。

由此可知，變異猿是一個更大型且去中心化生態圈的一部分。在這樣的生態圈裡，資訊以一種公開且去信任化的方式保存，意即我們不需仰賴如美國銀行這類受信任中間人來確保追蹤變異猿的系統之可靠性與安全性。這些變異猿正在用特別的方式讓人們更加注意到迅速發展中的去中心化金融（decentralized finance, DeFi）與分散式自治組織（decentralized autonomous organizations, DAOs）。（想更了解分散式自治組織，請見第四章與第六章。）

以太坊上大多數的NFT都以ERC-721規格標準鑄造。因此，如圖1-6顯示，每個代幣的出處都記錄於以太坊區塊鏈上，而後續的每筆交易都由廣泛分布的礦工驗證與執行，其系統運作模式與比特幣區塊鏈相當雷同。

 截至目前為止，以太坊區塊鏈尚未有遭駭客入侵的紀錄。由於NFT存放於穩定又經過測試的區塊鏈上，新項目的開發者可以利用現行的系統，取得擁有者紀錄並使用於開發中的新興系統與功能。但請特別留意，儘管以太坊區塊鏈本身尚未遭駭，於以太坊上部署的智能合約卻曾有被入侵的紀錄。建議使用現成的智能合約時，從符合核心開發團隊認可規格標準的函式庫取用。

我們保證上一段的內容，在你讀過本書第三部分較為技術面的章節後會更容易理解。

購買 NFT

如果你對如何購買NFT感到好奇，其實做起來還滿簡單的。現在你可以在許多市集購買NFT，而OpenSea只是其中之一。在第二章中，我們會帶領你設定可以存放NFT的錢包以及購入你的第一個NFT。

如果你打定主意想知道更多細節，可以跳到第四章與第五章，那裡將會帶領你熟悉買賣NFT的實務考量；也可以前往第十二章閱讀關於十個NFT市集的介紹。

在你直接前往後面章節之前，我們想要強調以下兩點考量：

為何要購買 NFT？

首先，你應該買NFT嗎？也許吧！這取決於你的動機。

如果你打算實際使用這個NFT，那麼你當然應該要買！例如當這個NFT使你得以進入某個場所，或是授權讓你將特定的數位媒體放上你的網站。在上述情況下，你唯一合法的做法就是購買這個NFT。

我們也支持你抱持著學習甚至是玩樂的心態去各NFT市集逛一逛。也許你只是想知道購買NFT的實際操作流程，又或許透過實際購買NFT，你會更有機會去學習其底層的技術並探索更多的應用場景。

上述任何一種狀況下，最重要的問題是：這筆錢花下去若有去無回，你會不會深感後悔？如果答案是會，那麼你就真的不應該買NFT。

以 NFT 作為投資工具

以傳統投資管理的原則來說，投資的要點在於分散投資並定期重新檢視與調整部位，以求所承受的風險隨退休年齡的接近逐步降低。

我們並不提倡單一股票的投資方法，也同樣不鼓勵選擇NFT投資的行為。但如同稍早提到的，我們不反對在負擔得起的前提下撥一筆錢來找點樂子。所謂的樂子可能是前往墨西哥旅遊、去加州納帕谷的奢華餐廳法式洗衣坊（The French Laundry）吃晚餐或是變異猿NFT。

當然，隨著NFT這類資產發展成熟，你將對權衡各種NFT的風險與報酬，以及一個充分分散風險的投資組合中適合包含多少NFT有更完整的概念。畢竟以比特幣目前市值逼近一兆元美元的態勢來看，任何一個真正充分分散風險的投資組合中都應該考慮納入一（小）部分的比特幣。當然，這完全不是指要把大量金錢投入單一投資項目裡以求一夕致富，不管那個項目是個股、NFT或豆豆娃。

繼續你的 NFT 旅程

第一也最重要的是，我們希望本書能讓你用一種愉快的方式去更加認識這個新興的資產類型。除此之外，我們希望能激發創意能量、鼓勵新的應用，並勸阻你把它當作快速致富的捷徑。

在你選定下一個要前往的章節的同時，祝你有個充滿收穫的旅程！旅途愉快！

第 **2** 章

擁有
你自己的 NFT

在 本章中，你將藉由開發商Dapper Labs的謎戀貓平台進入精彩的NFT世界。《謎戀貓》這個遊戲能夠幫助你深入了解NFT是如何創造與交易的。

我們將展示如何設定NFT錢包與交易所，讓你可以購買進而創造與賣出你的第一個NFT，並且自信地探索NFT所帶來的新市集及不斷改變的商業模式。

Dapper Labs正致力於優化他們的平台，讓使用者不論有無技術背景皆能使用。本書的第二部分將會涵蓋其他NFT市集，在本章中也會說明基本概念預作準備。

一切的起源：非同質化貓咪

NFT的出現可歸功於《謎戀貓》（www.cryptokitties.co）這款於2017年秋天由開發商Dapper Labs推出的新穎遊戲。Dapper Labs同時也是爆紅平台Top Shop的幕後推手，使用者可以在該平台上購買他們所喜愛的NBA球員的NFT。創始團隊有感於一般大眾對加密貨幣以及其重要性都缺乏認識，更不用說其背後運作的技術；同樣地，民眾對區塊鏈應用的觀感仍聚焦在狹隘的迅速致富騙局、暗網應用以及新型財務工具。因此，對創始團隊來說，他們希望改變市集上對NFT的短淺看法，並用淺顯易懂的方式解釋當時僅有內行人理解的NFT潛力與長遠意義。

大眾化的區塊鏈

《謎戀貓》提供普羅大眾一窺區塊鏈堂奧的新角度。作為元老級的區塊鏈遊戲之一，《謎戀貓》得以利用所有使比特幣成功的區塊鏈技術。它並不是一種加密貨幣，而是一個有同等安全性的「加密收藏品」（cryptocollectible，一種具獨特性且不可替代的數位資產）。

圖 2-1
在買賣可愛貓咪的同時認識加密貨幣

每一隻謎戀貓（圖2-1）都獨一無二且不能被複製、移除或消滅。玩這遊戲有時需要投入相當多的資源，但使用者能夠在深入了解加密貨幣與區塊鏈如何運作的同時得到樂趣。（這遊戲是有那麼一點讓人欲罷不能啦……）

《謎戀貓》不僅將NFT介紹給世人，同時也展示了能夠自行產生NFT的NFT。開發者將區塊鏈概念中較難以消化理解的部分（例如區塊鏈上數位資料的永久保存、資料來源的可追溯性與無法造假等特質）巧妙地融入遊戲機制中。

Dapper Labs也認知到早期區塊鏈項目所受到的限制，那時許多區塊鏈解決方案必須藉由一次性的首次代幣發行活動（initial coin offering, ICO）籌得所需的加密貨幣。《謎戀貓》是少數在2017年推出且沒有進行首次代幣發行的項目，卻紅到販售貓咪的交易爆量造成區塊鏈中斷，進而影響到其他使用者的交易速度。這也許是Dapper Labs始料未及的。

人們對於這些可愛小貓咪的需求大到以太坊有些吃不消，導致使用新代幣ERC 721加密的出售交易造成以太坊當機。

當時的以太坊是個新的區塊鏈，其內部的程式語言使開發者可以建立區塊鏈應用（blockchain applications），以利用分散式網路及內建系統來完成交易並且交割。區塊鏈上的殺手級APP就是代幣，其出現讓

幾乎每個人都可以發行一系列稀有的數位物品，例如股權、貨幣、折價券等等。

ERC-721運用開放標準，描述如何在以太坊區塊鏈上建立不可替代或獨特的代幣，並增加了早期代幣的功能性。謎戀貓咪們在好玩又容易親近的同時，完美地展示了區塊鏈技術的功能性與侷限。

這個遊戲在全球，甚至在《紐約時報》、《Wired》、《富比世》、《CNN Money》等主流媒體間造成轟動，見證這個獨特又設計完善的遊戲永遠改變了區塊鏈，真的是件非常引人入勝的事。

《謎戀貓》的開發團隊建立了一個長久的收入模式，讓他們可以隨著新使用者的加入持續成長。在此之前，區塊鏈很難找到一個可以維持的商業模式，因為代幣經濟與使用者喜好、市集需求通常不一致。《謎戀貓》的成功昭告世界：一個飼養數位貓咪的可愛呆萌小遊戲也使用了區塊鏈技術，那還有什麼事物是區塊鏈技術派不上用場的呢？

不只是曇花一現

那些當初質疑加密遊戲只是無聊的千禧世代三分鐘熱度下的產物的人，如今可說是大大地被打臉了。《謎戀貓》讓使用者以有趣的方式接觸區塊鏈技術，證明任何東西只要有足夠的代幣經濟支撐，都可以在區塊鏈上產生價值。它所創造的代幣經濟需求穩固，而且顯然非常有效益。最重要的是，使用者不需要開放他們的終端機或知道怎麼撰寫

程式，只要盡情遊玩就好了。

 支援NFT的分散式帳本技術（distributed ledger technology，在下一段會另外說明）有潛力成為資訊時代最革命性的技術。即便NFT起源於《謎戀貓》，分散式帳本技術的應用層面多樣，絕不限於數位貓咪。

NFT 所帶來的影響

區塊鏈自2009年創立以來對眾多產業產生影響，但區塊鏈技術的整體概念仍然超越了一般大眾（尤其是廣大消費者）的理解範圍。（話說網路在剛起步時，對多數人而言也像是天方夜譚。）

區塊鏈的民主化

NFT讓區塊鏈與生活產生連結，促使區塊鏈更加民主化，對許多人來說非常重要。NFT將販售收藏品這種以往高成本又曠日廢時的活動，變成了一件可立即完成與驗證的事情，一如電子郵件徹底改變了傳統寄信需要花數天至數週才能到達目的地的情形。有了電子郵件，你可以即時收信或將你寫的訊息傳送到世界任何地方，而NFT則是可以做到獨特數位品項所有權的立即移轉。也許未來的某一天，NFT也能夠應用到有形資產上。

 區塊鏈是支援NFT運作的底層技術（你可能有在閒聊時聽過區塊鏈這個詞，但未必理解很多相關面向與

細節），它使用分散式帳本技術，可以安全可靠地儲存資訊，而任何對儲存資訊的變更都受到嚴格的規範。舉例來說，沒有任何一人可以在系統其他使用者不知情的狀況下修改資料。你也許會覺得這沒什麼大不了，但在區塊鏈出現以前，資料的安全性全靠擁有至高權力的系統管理員掌控。

NFT的價值來自於它能可靠地保留資料的出處與軌跡，你可以在系統區塊鏈上以有效率並且得以查證的方式保留你與另一方的交易紀錄。你的NFT移轉交易將被分散至世界各地，並依嚴謹的內建問責制成為整個區塊鏈共享且不可變的紀錄。

代表所有權

NFT可以表彰各種物品的所有權，不僅止於數位貓咪，還包括數位藝術作品及遊戲內的道具等等。這些NFT通常都在集中交易所（centralized exchange，一個促成交易的平台，例如NBA Top Shot）透過使用以太幣或比特幣購買。

使用者之間的交易

NFT交易也可以不透過中介機構，直接在使用者之間以P2P交易（P2P）的形式完成。在這個模式下，由雙方直接進行交易，而非透過另一個人或公司擔任中間人促成及監控。這意味著你想跟別人買東西，不需要仰賴如eBay或亞馬遜等第三方機構，可以透過自己的手機完成。

允許使用者間不透過中介者進行交易的內部交易機制稱為去中心化交易所（decentralized exchange, DEX），讓你可以不受第三方限制售出你的資產。近來去中心化交易所開始變得熱門，因為集中交易所容易遭竊。由公司經營的交易所必須有一方控管整個系統，如此便放棄了區塊鏈的優勢能力還轉而與使用者相對。如果有東西從公司經營的交易所被偷走，要尋回是幾乎不可能的事情。

使一切成真的智能合約

NFT透過智能合約，讓去中心化交易所的概念得以實現。智能合約是在帳本的節點（node）上運作的腳本（script），能夠取得NFT的相關資訊。舉例來說，當你購買一隻謎戀貓，你其實是買了一個獨一無二的數位藝術品，上面還有所有權的編碼，你完成付款後會自動轉移所有權，完全不需要第三方參與。這一套系統藉由去除中間人同時達成降低風險與加速交易進行。如同稍早提過的電子郵件範例，立即與世界上任何人交換所有權現在已經可行。

製造數位稀缺性

《謎戀貓》的開發團隊用他們旗下的數位收藏品來演繹單一物品的數位稀缺性概念。沒有兩隻謎戀貓長得一模一樣，每一隻都是獨一無二的。數位商品在現實世界中有定價也不是新鮮事，例如《魔獸世界》的農錢玩家（按：農錢表示重複作業以取得遊戲內的金幣）利用Steam遊戲平台的線上商店，與其他玩家進行遊戲內物品的交易。然而這個僅限於電玩遊戲的小眾市集缺乏區塊鏈提供的特性，導致各式詐騙、竊

盜或是開發者影響生態圈的案例層出不窮。

 數位收藏品起源於數位貓咪，但已拓展到各種收藏品與藝術，擁有相當龐大的潛力。

解決問題

NFT的出現改變了人們對數位收藏品的看法，這一點從人們對「加密龐克」（CryptoPunks）及其他NFT的濃厚興趣就可以得知。某位數位藝術狂熱者以6,930萬美元（約19億新台幣）的天價標下Beeple的〈每天：最初的5000天〉（EVERYDAYS: THE FIRST 5000 DAYS）的NFT，而謎戀貓NFT中最稀有的「創世貓」（Genesis）以246.926以太幣（約2,100萬新台幣）售出。

這些NFT的大小、規模與源遠流長消除了下列三項人們對加密貨幣的疑慮：

» **中央發行機關疑慮**：當數位收藏品被創造、發行且經市集篩選出其中最稀有或最熱門的品項之後，創作者大可直接再發行更多那樣的作品。當這件事情發生時，原始的收藏品價值就會降低，甚至可能全無價值。

» **仰賴提供者疑慮**：數位收藏品的存在是基於發行機關的存續，如果一個數位收藏品被創造而原作者不復存在，你的數位收藏品也就隨之而去；NFT則存在於會自我複製的分散式帳本上，只要區塊鏈上的代幣經濟與網路節點一致，你的NFT就是安全的。大部分的NFT僅包含了導向某個網址的智能合約（這風險很高，因為主機端可能遭關閉或更動），原因是圖檔本身可能太大，或是整合實在是太麻煩。

》 數位收藏品的用途與功能疑慮：實體收藏品因為有其用途而受到歡迎，例如你收集藝術品，很可能是因為其價格不菲，而且可以用來掛在牆上作為美與地位的展現。

有了區塊鏈技術的協助，以上這些問題都得到了解決，也使人們更加願意投資小眾電玩遊戲市集以外的數位收藏品。如果NFT數位收藏品也如同實體收藏品般保值，全新的收藏方式將會誕生。

《謎戀貓》的遊戲原理

Dapper Labs出品的謎戀貓是建立於以太坊區塊鏈上的可收藏數位化貓咪，可以用以太坊的原生加密貨幣「以太幣」進行買賣。你可以培育你的貓咪，繁衍出擁有不同特色與可愛程度的下一代。

當遊戲於2017年發表時，透過智能合約在以太坊區塊鏈上創造了共50,000隻稱為「時鐘貓」的第零代貓咪（Kitty Clock是《謎戀貓》團隊經營的帳號，專門產生第零代貓咪，第零代意即首批誕生的貓咪）。身為儲存於區塊鏈上的程式，智能合約的編碼裡預設了買家與賣家間的合約條款（第九章裡將會更深入說明智能合約相關的知識），每15分鐘會自動產生一隻時鐘貓，這些貓咪再透過拍賣的方式售出。

每一隻謎戀貓都擁有獨特的外觀與特徵，其表現型（phenotype）由儲存於智能合約中不可變的基因型（genotype）決定。事實上，《謎戀貓》所有的基本遊戲機制都與智能合約緊密連結。藉由區塊鏈技術遊

戲化，開發團隊將過往難以理解的概念標準化，並賦予使用者操作區塊鏈技術的基礎能力，因此現在你也有機會學到相同的知識。

因為你能夠培育你自己的貓咪，謎戀貓變得更為私人，而不再只是某種數位收藏品（想了解更多關於這些有趣的數位貓科動物的細節，請參閱後段〈蒐集、飼育及販賣你的謎戀貓〉）。《謎戀貓》的開發團隊同時也建立了一個自給自足的社群，讓使用者可以創造新的貓咪並於以太坊區塊鏈上交易。

錢包裡裝了什麼？
設定 MetaMask 錢包

MetaMask是一個免費的瀏覽器擴充功能及手機APP，讓你可以跟以太坊區塊鏈互動。它讓你用錢包鑰匙登入dApp（decentralized application，去中心化應用程式）網站並從你的加密貨幣錢包進行貨幣的收付。想了解還有什麼其他錢包以及哪個錢包最適合你的話，請見第四章。

設定MetaMask錢包請依照下列步驟進行：

1. **前往 MetaMask 網站** https://MetaMask.io。

    MetaMask 目前支援以下瀏覽器：Chrome、Firefox、Brave 以及 Edge。本書撰寫期間 MetaMask 尚未支援 Safari，但支援蘋果與安卓手機 APP。在本範例中我們使用 Chrome 瀏覽器。

2. 點擊「馬上下載」（Download Now）並選擇「在 Chrome 上安裝 MetaMask」（Install MetaMask for Chrome）。

3. 在 Chrome 網路商店點擊「加入 Chrome」（Add to Chrome）。

   當瀏覽器完成 MetaMask 的下載，你可以選擇匯入現有錢包或設定新的 MetaMask 錢包。

4. 點擊「創建錢包」（Add a New Wallet）。

   MetaMask 會要求你提供他們一些資訊，這不會揭露你的身份，但會用來改善他們的服務。你也可以選擇不提供。

5. 設定密碼。

   這是僅供 MetaMask 使用的密碼，並不是你錢包的助憶詞（recovery phrase）或私鑰（private key），而是第二道安全防線。設定好後你將被帶往安全詞頁面並要求你寫下助記詞。千萬**不要跳過**這個步驟！

6. 清楚地記下你的助憶詞（12 個隨機英文單字），並將該紙條存放於安全的地方。

   你甚至可以做到將紙條護貝並放在保險箱裡的程度。如果你遺失了你的裝置或密碼，就會需要使用到助記詞。

7. 在下一個頁面，確認助記詞以便讓 MetaMask 知道你已確實且正確地記下。

   在你輸入正確的助記詞後，就可以進入 MetaMask 錢包了。

    MetaMask 團隊會持續更新內容，你可以經常來看看他們新增了些什麼功能。

8. 在你的錢包中，前往「設定」（Settings）裡的「一般」（General）以變更你的轉換幣別與選擇主要幣別。

這將會決定 MetaMask 錢包中的計價方式。

9. **選擇語言。**

之後若你前往進階選項頁面，你可以重置帳戶並清空交易紀錄。你也可以找到其他控制設定，包含進階的礦工費（gas fee）設定。

10. **回到主頁面，點擊錢包右側的三個點點。**

這裡顯示你的帳戶詳情，包含要接收以太坊代幣所需的錢包地址，也可以很簡單地用手機掃描 QR 碼取得。如果你已經有加密貨幣交易所的 APP，你可以跳過接下來的 Coinbase 設定。

 MetaMask 及其他的加密貨幣錢包（cryptocurrency wallet）是讓你存放以太幣（Ether或ETH）等加密貨幣，你需要使用 Coinbase.com 等交易平台（exchange platform）來將美金或任何現實世界中的幣別轉換成存放於錢包中的加密貨幣。交易平台通常也會提供錢包，但你可以在任何交易平台使用任意的錢包。例如Coinbase錢包這個獨立的APP可搭配 Coinbase.com 帳戶使用，但你不需要擁有 Coinbase.com 帳戶才能使用 Coinbase 錢包，反之亦然。

設定 Coinbase

Coinbase.com 是一個熱門的交易平台，讓你連結銀行帳戶與加密貨幣錢包，用以購買持續增加中的各種資產。

 要設定 Coinbase 帳戶，你必須至少年滿18歲並持有政府機關發行的有照片身份證明文件（不包含護照卡，一種由美國聯邦政府簽發的旅行證件）。同時，你也需要一台連上網路的電腦或智慧型手機，Coinbase 會透過簡訊驗證你的電話號碼。

創建 Coinbase 帳戶

Coinbase 不收取帳戶創建費或維護費，但會收交易手續費。請依以下步驟創建你的 Coinbase 帳戶：

1. **從電腦上的瀏覽器前往** www.coinbase.com，**或從安卓或 iOS 手機下載 Coinbase APP 並開啟。**

2. **點擊「開始創建」(Get Started)。**

3. **輸入你的合法姓名、電子郵件、密碼。**

   切記要寫下你的密碼以及助憶詞(seed phrase)，並保存在安全的地方。助憶詞是必要時用於復原你的錢包的一組隨機詞彙，你可以把它想成是特別的密碼。

4. **提供你的居住地。**

5. **勾選方框並點擊「創建帳戶」(電腦：Create Account；手機：Sign Up)。**

   Coinbase 會寄送確認信到你的電子郵件帳戶。

6. **前往你的電子郵件信箱，點擊「確認電子郵件」(Verify Email Address) 以啟用你的 Coinbase 帳戶。**

   請注意確認信的來源是否為 no-reply@coinbase.com，你將被帶回 Coinbase.com 的頁面。

7. 用你創建帳戶的電子郵件信箱與密碼登入以完成驗證程序。

驗證你的電話號碼

創建Coinbase帳戶及驗證電子郵件信箱後，你也必須驗證電話號碼。
只要照著以下步驟即可：

1. 登入 Coinbase。
2. 依照頁面指示選擇你的國家並輸入電話號碼。
3. 點選「發送驗證碼」(電腦：Send Code；手機：Continue)。
4. 輸入 Coinbase 發送的 7 位數驗證碼並選擇「提交」(電腦：Submit；手機：Continue)。

填寫個人資料

你需要填寫政府機關發行的有照片身份證明文件上記載的資料，因此
進行以下步驟時可將其準備好：

1. 保持登入 Coinbase 帳戶。

   驗證電話號碼後，Coinbase 會要求你將身份證件拍照上傳。

2. 輸入姓名、生日與地址並回答下列問題：
   - 你使用 Coinbase 的目的？
   - 你的資金來源？
   - 你的現職？
   - 你的雇主？

3. 點擊繼續完成填寫。

申請流程到此告一段落。當帳戶核准通過後,你會收到電子郵件提供後續的指示,屆時你可以繼續完成下一段的步驟。

驗證身份並新增銀行帳戶

當你收到上述的後續指示時,進行以下動作:

1. **登入 Coinbase 帳戶。**
2. **完成身份驗證程序。**

 設定雙步驟驗證,例如限時動態密碼(time-based one-time password, TOTP),以防止帳戶遭到未授權存取。Google在蘋果App Store與 Google Play Store有上架一個名為「Authenticator」的APP可供使用。

將資金匯入錢包

假設你尚未將一些以太幣匯入你的MetaMask錢包,現在可以登入你的錢包並依下列步驟完成:

1. **在錢包的主頁點擊「購買」(Buy)。**

   你可以選擇從既有錢包或 Wyre 加入代幣。
2. **選擇「直接存入以太幣」(Directly Deposit Ether) 並複製你的 MetaMask 錢包地址。**
3. **回到 Coinbase 錢包,匯給自己足以支付一隻謎戀貓及交易手續費的以太幣。**

 交易手續費會每日變動，進行交易前請先檢視。

4. **資金匯入 MetaMask 錢包後，你就可以回到《謎戀貓》網站** www.cryptokitties.co **購買你的第一隻謎戀貓。**

如果你在設定錢包或交易平台時需要更多協助，可以參考蒂安娜‧勞倫斯（Tiana Laurence）的《區塊鏈初學聖經》（*Blockchain for Dummies, 2nd Edition*）或麥可‧G‧所羅門（Michael G. Solomon）的《以太坊初學聖經》（*Ethereum for Dummies*），以獲得更詳盡的解說。

蒐集、飼育及販賣你的謎戀貓

《謎戀貓》有四大功能：購買、飼育、繁殖與交易。購買的過程非常簡單明瞭，也就是購買一隻數位貓咪的NFT。

一旦你擁有一隻貓咪的NFT，你就可以藉由繁殖來創造新的NFT，你也可以將你的謎戀貓出借給其他想繁殖的玩家配種。「出價」（Offer）這個功能讓玩家可以對屬於非賣品的貓咪進行喊價，只要你找得到願意交易的玩家，你可以將手上的貓咪與對方進行交換。

購買你的第一隻謎戀貓

購買功能非常直觀，當你設定好MetaMask帳戶後，你就可以前往市

集尋找一隻中意的小貓咪。MetaMask帳戶設定詳見前面的〈錢包裡裝了什麼？設定MetaMask錢包〉。

你可以從逛逛《謎戀貓》市集開始，除非有人贈送（在你有錢包的前提下），不然謎戀貓並非免費，一隻要價約3至10萬美元之間，以你錢包中的以太幣支付。

你可以依照下列步驟尋找並購買謎戀貓：

1. **前往** www.cryptokitties.co/search。

2. **瀏覽頁面上的貓咪，在上方輸入搜尋條件，或是選擇貓咪種類（Kitty Type）、世代（Generation）與休息時間（Cooldown）。**

3. **想看更多貓咪，請點選頁面最底下的「下一頁」（Next）。**

4. **當你選定想要購買的貓咪，點擊「即時購買」（Buy Now）開啟新頁面。**

5. **在你要購買的貓咪身上點兩下。**

6. **若一切看來都正確，點擊「購買」（Ok, Buy This Kitty）。**

   畫面將會出現一個 Dapper Labs 交易視窗；若你沒有錢包，它會要你到 www.meetdapper.com 進行設定。假如你當初選擇不使用 MetaMask 錢包，依照 Dapper Labs 頁面上的指示，完成後再回來訂購貓咪。

7. **點擊「提交」（Submit）完成購買。**

   購買的貓咪可能要數分鐘後才會出現在你的個人資料中，因為以太坊區塊鏈需要記錄這筆交易產生的所有權移轉並且更新區塊鏈

資料，速度視以太坊網路而定。

使用出價功能

出價是購買貓咪的另一種方式，玩家藉由遊戲的出價系統，用以太幣對尚未販售的貓咪進行喊價。出價完成後，貓咪的主人有3天可以考慮接受或拒絕該筆出價，3天後該次出價即失效。

謎戀貓的繁殖

在《謎戀貓》中，你可以用父母貓咪的基因組合繁殖出新的貓咪。如果你計畫用繁殖的方式取得你想購買的貓咪，記得務必確認他的血統系譜。繁殖的結果充滿未知，產生獨特且稀有基因組合的可能性也無窮無盡。每一隻謎戀貓都有明顯的「喵屬性」（Cattributes），但有些特定的屬性可以藉由繁殖來解鎖，知曉父母貓咪的喵屬性有助於推測繁殖的結果。

繁殖時每一對中的公貓於再次配對前需要休息時間，而母貓在孕育幼貓的期間也無法再次參與配對。你可以用以下兩種方式繁殖貓咪：

》 用你自己的兩隻貓配對。

》 用一隻自己的貓，與公開的公貓或母貓配對。如果你的貓是公貓，母貓的飼主將會支付給你一筆費用。

 繁殖是需要費用的，即使你是用自己的兩隻貓配對。

本書撰寫時的費用是0.015 ETH（約1,290新台幣），但這會隨著市集行情波動。

儘管每隻謎戀貓繁殖的次數沒有上限，但休息及妊娠時間會隨著配種次數增加，因此要注意繁殖時間（位於貓咪下方的時鐘圖案旁邊）。貓咪的繁殖次數越多，產生後代所需的時間也就越長。

使用同世代的貓咪進行繁殖，產生的後代的世代號碼是父母中號碼較高者加一。舉例來說，如果你用第四代與第五代貓咪進行繁殖，你會得到一隻第六代貓咪；另一方面，如果你用兩隻第十代貓咪進行繁殖，你將得到一隻第十一代貓咪。

第 **3** 章
NFT 的未來

假如你剛好是依照順序在閱讀本書，目前為止你應該對NFT是什麼有了基本概念（第一章），甚至可能買了一個（第二章），但在面對可愛的謎戀貓與閃閃發亮的6,930萬美元時，NFT 的本質很容易被遺忘與忽略。所謂NFT就是指用來證明不可替代（獨特）物品的所有權並經加密確保安全的數位編碼。

本章將涵蓋NFT未來的潛力以及NFT在財產權方面所代表的意義。然而在我們進入以上專題前，我們會先介紹在佳士得（Christie's）拍賣上以令人卻步的69,346,250美元售出而廣為人知的NFT，以及其背後實際的運作。這個Beeple創作的NFT如果賣的不是藝術作品本身，那到底是什麼？

深入剖析價值 6,930 萬美元的 NFT

這位名為Beeple的藝術家下定決心要連續5,000天每天創作一件數位藝術作品，這就是他的「每一天」系列企劃（EVERYDAYS）的開始。我們討論的這個著名作品〈每一天：最初的5000天〉，記錄了這趟從2017年5月至2021年2月16日為止NFT鑄造（mint）的藝術旅程。集大成的EVERYDAYS成品如圖3-1所示，但Beeple實際上賣的究竟是什麼呢？

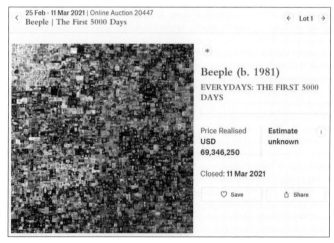

圖 3-1
Beeple 的數位藝術名
作品〈每一天：最初的
5000 天〉

因為數位影像是由像素值的矩陣組成，Beeple將他約300MB的創作濃縮為代表其圖像且可以被電腦解讀的「雜湊值」（hash code）。這個雜湊值再與其他的詮釋資料（metadata，也譯作後設資料、元資

料）合併，再度雜湊後成為Beeple NFT詮釋資料的一部分與代幣URI（ipfs://ipfs/QmPAg1mjxcEQPPtqsLoEcauVedaeMH81WXDPvPx3VC5zUz）一同存放，讓用戶可以在IPFS的P2P網路上找到Beeple的〈每一天：最初的5000天〉。至此，Beeple的數位藝術作品開始傳播，而代幣編號49013（智能合約地址：0x2a46f2ffd99e19a89476e2f62270e0a35bbf0756）就此誕生！想了解更多關於IPFS的資訊，詳見〈前進暗網〉。

以上細節資訊都如圖3-2所示，記載於Beeple所鑄造價值6,930萬美元的NFT的交易事件日誌（event log）中。這個NFT相對應的辨識資訊如圖3-3所示，公告於佳士得拍賣網站上。若你有興趣，可以到這個網址參閱完整的交易明細：https://etherscan.io/tx/0x84760768c527794ede901f97973385bfc1bf2e297f7ed16f523f75412ae772b3

前進暗網

IPFS全名是InterPlanetary File System（按：一個P2P的分散式檔案系統），是俗稱暗網的一部分。它是一個去中心化的檔案分享網路，其資料的儲存為內容導向，讓用戶可以依據內容而非只以存放位址取得資料。代幣URI中的**QmPAg1mjxcEQPPtqsLoEcauVedaeMH81WXDPvPx3VC5zUz**提供內容的詮釋資料，讓IPFS得以在分佈式網路上辨識檔案。沒錯！Beeple已經透過現代版本的Napster（按：一個早期的P2P音樂共享軟體）將他的數位藝術作品免費發布出去了。

說到底，拍賣會得主實際上到底買到了什麼？在這個案例中，NFT並未授與對這個數位藝術品的獨佔法定存取權（作品本身已作為公共財免費發布），也不代表擁有者可以向使用者收取權利金。我們得到的是金融科技史上不可思議的一章：以太坊區塊鏈上有了一筆去中介化但安全的所有權紀錄，而我們現在可以可靠地追蹤並確認這個獨特數位物品的現任擁有者與其前手。

藉由讓大眾認知到這個充滿前途的技術，Beeple與得標者為NFT的未來鋪了路。我們在第十三章中會繼續討論〈最初的5000天〉以及另外9個以天價賣出的NFT（其中有2個也是Beeple的作品）。

圖 3-2
創造 Beeple NFT 交易
的事件日誌檔摘錄

圖 3-3
佳士得線上拍賣網站上
的 Beeple NFT 明細資料

NFT 不只有數位藝術與貓咪——
重新定義財產權

追蹤謎戀貓或是Beeple的NFT的所有權與資料處理歷程只是NFT
能做到的一小部分。健全的市集需要定義明確且可執行的財產權，
人們通常都把扮演這個角色的受信賴中間人視為理所當然，例如人
們仰賴縣政官員維護財產權紀錄、相信監理所會維護所有民眾名下
車輛的資料。現在，NFT提供一個去中介化的方式來記錄交易並確
認所有權。

如Beeple的NFT案例顯示，NFT除了在區塊鏈上以加密方式安全儲
存資訊，還有其他的用途。現代社會中所有權的移轉，涉及特定資產的
法定使用權的轉移，不管是汽車、房屋或數位影像，就如「誰撿到就歸
誰」這個說法在汽車竊盜案中無法當作合法辯護。這個架構與NFT搭
配得宜，因 NFT可以用來合法表彰所有權、契約或牌照。

整體而言，NFT有潛力在沒有受信賴的第三方驗證交易真實性的情況下，可靠地追蹤P2P所有權移轉的紀錄。NFT能夠立即追蹤並驗證每一個獨特物品所有權的特性，使其特別適合導入驗證機制缺失或不完善的市集，達到撥亂反正的效果。

NFT 與數位財產

對NFT而言，從追蹤數位財產開始應用是再自然不過了。從數位收藏品到遊戲道具以及數位媒體，NFT有潛力真正使創作者經濟（creator economy）民主化。

音樂、電影與書籍

在不久以前，消費者需要擁有音樂才能隨時隨地聆聽。從唱片到錄音帶再從CD到MP3，實體或數位媒體的所有權被視為理所當然。

儘管數位音樂非常方便，買賣實體專輯還是更讓人安心，因為藝人知道一次只能播放一張，而一旦那一張轉移到下一人手上，消費者就不能再播放。因此，第一次銷售理論（first-sale doctrine）應運而生，實體專輯的購買者可以未經取得版權持有者的同意就轉售。

隨著串流服務遠超過購買與下載數量，如今擁有音樂這件事似乎已經成為歷史。這種狀況的發生非常合理，因為數位版本的品質不會受損，因此美國版權局遲遲未宣布第一次銷售理論適用於數位傳輸。任何人

都能輕易在轉賣自己所購買的數位音樂的同時，在個人裝置上保留一份備份。

如果能妥善建構並驗證數位媒體的真實所有權與使用權，透過數位管道進行的銷售、移轉應該與實體的銷售、移轉相同。因此，NFT可以讓擁有媒體以及第一次銷售理論的概念在這個數位時代回歸，而且範圍不只音樂，還包含電影與書籍。

照片與其他數位藝術

數位影像市集也是一個NFT有所發揮的舞台，能用來有效地表明對某數位照片或藝術作品的合法所有權。試想將NFT加到你所擁有的數位影像上（NFT的識別資訊包含在影像的詮釋資料中）以記錄其合法擁有者與授權使用者，這對提供素材給Shutterstock、Getty Images等平台的數位藝術家與攝影師有巨大的潛在經濟效益。

隨著影像搜尋引擎精準度的提升（圖3-4），內容創作者可以自動發現並交叉比對未經授權使用其數位內容的使用者，而授權使用者可以由對應的NFT與影像詮釋資料來證明其所言屬實。

圖 3-4
Google 影像搜尋範例

公眾人物也可以用NFT來減少「深偽」(deepfake，在影片或影像中用深度學習技術將人臉加入或替換)的發生。試想在每一個合法的歐巴馬數位媒體加上新的歐巴馬NFT代幣，消費者可以藉由比對某個影像、音檔或影片的雜湊值是否與各個歐巴馬代幣相同，以確認是否經過變造。當然，在有信用基礎的國家，你可以仰賴中央主管機關所釋出的合法媒體雜湊值清單；但在不穩定的政權下，必須有一個無法變更且去中介化的合法內容雜湊值清單，來確保大眾可以相信眼睛所看到的事物。

遊戲資產

《無盡的任務》(EverQuest)與《英雄聯盟》(League of Legends)等線上角色扮演遊戲盛行後，亟欲迅速累積遊戲財富或藉由炫耀稀有物品來取得地位的玩家，開始願意支付現實生活中的金錢來購買遊戲資產。

玩家將遊戲資產在eBay或是Player Auctions(圖3-5)等平台上架，並保證收到款項後會在遊戲中將該資產轉給買家(這過程本身就充滿風險)。NFT可以利用智能合約，提供一個直觀可靠的方式來表彰遊戲資產與角色的所有權並促進自動P2P移轉。試想一個真正將所有權與資產交易民主化遊戲世界：老玩家得以保留更多收入，新手可以用較便宜的價格提升遊戲內的地位，而P2P交易可以立即且無風險地完成。

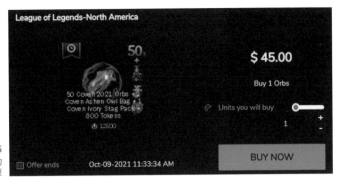

NFT 與有形資產

很多時候，現實世界中如果有個可靠、透明又自動化的系統，可以歸納、整理與數位追蹤不可替代商品的話，將會使生活容易許多。

房屋、汽車與寵物

想像一個房屋所有權與買賣都儲存在公共區塊鏈上，不需要產權保險與第三方託管服務的世界。

再請你想像用NFT取代汽車產權。如圖3-6所示，與其花39.99美元（約1,100新台幣）在CARFAX上取得汽車歷史紀錄報告書，你可以透過查詢開放區塊鏈去追蹤某一輛車的來歷，包含所有權的移轉、車禍事件紀錄、維修紀錄、跨州紀錄等，而且這一切都免費或僅收小額手續費。

更別提《謎戀貓》已經為非數位寵物的所有權與血統追蹤提供一個成功的參考前例。相比之下，一張美國犬業俱樂部（American Kennel Club, AKC）開立的血統證明書（圖3-7）不僅要價36美元（約1,000新台幣），還只提供最多到往上四代的資訊。

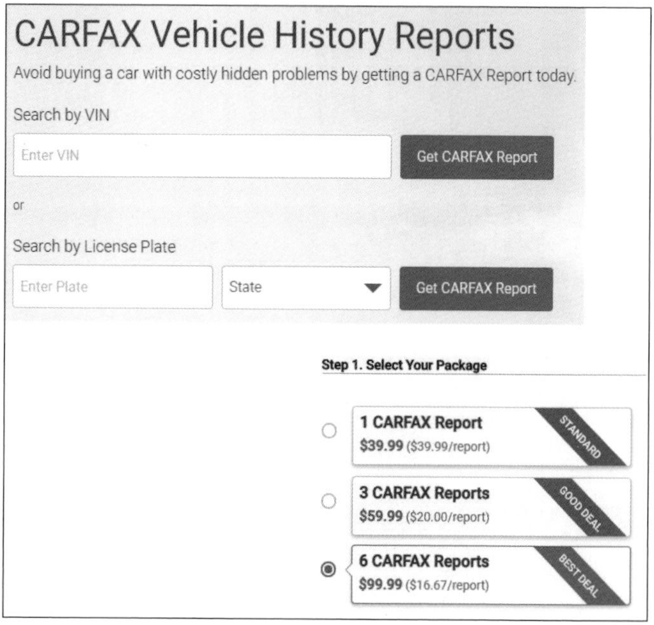

圖 3-6
CARFAX 介面與價目表

藝術品、珠寶、酒及其他收藏品

高檔酒、高級珠寶等昂貴又甚少接觸的品項充斥著各類造假，如魯迪·卡尼萬（Rudy Kurniawan）卑劣地賣出數以百萬美元計的假酒，以低價混酒配方冒充出自名莊園羅曼尼·康帝（Domaine de la Romanée-Conti）及木桐堡（Château Mouton Rothschild）的高檔酒。

圖 3-7
美國犬業俱樂部開立的
血統證明書

 雖然NFT不能偵測或解決偽造問題，但專業檢測與
該品項可信賴的完整履歷可以提供保障。再來，如果
這麼說可以使你安心一些，贗品的交易只可能成功一次。

豐富的可能性

從計程車牌照到演唱會門票，任何獨特且可移轉的權利已經準備
好接受去中介化的P2P市場。將區塊鏈及原生代幣的概念引進行
之有年的既定想法與做法，帶來了價值與意義巨大的去中心化金
融（decentralized finance或DeFi，例如Uniswap、Chainlink及
Compound等），足以使無意義的更名與笑料相形失色（還有誰記得

「長區塊鏈公司」嗎？）。（按：美國有一間長島冰茶公司Long Island Iced Tea Corp.將公司名改為長區塊鏈公司Long Blockchain Corp.。）

 若你對這些改變生態的DeFi相關應用有興趣，可以參考以下網站：

》 Uniswap （去中心化交易所）：`https://uniswap.org`

》 Chainlink （去中心化預言機）：`https://blog.chain.link`

》 Compound （去中心化借貸協定）：`https://compound.finance`

整體而言，NFT充滿了巨大的可能性。未來還有什麼可能會NFT化呢？

2

買賣 NFT

在這一部分你將會：

了解購入第一個 NFT 的所有細節

揭曉買賣 NFT 最熱門的交易市集

免費從無到有創建你個人的 NFT

嘗試在頂端 NFT 交易市集上架你的 NFT

建立你的 NFT 投資策略

為你的 NFT 投資制定稅務規劃

第 4 章
實際參與
NFT 的運作

本章將替你做好準備，讓你自信地探索非同質化代幣世界，可以在數個最受歡迎的平台上購買、創建與出售NFT。NFT的出現讓創建者對創建出的新型態數位財產擁有更多自主權，藝術家與收藏家則喜愛NFT不可能被偽造的獨特特性。NFT使數位收藏卡以及其他新型態數位財產成為可能。

在這一章中，你將明白關於MetaMask熱錢包的來龍去脈、如何保護你的錢包，以及如何瀏覽並使用包含OpenSea、Nifty Gateway及Rarible等最受歡迎的NFT交易市集。你也將免費從無到有地創建並上架你的第一個NFT。最後，你會學到NFT作為投資工具的應用以及未來幾年獲利的最佳方式。

細說 NFT 的購買

NFT，全名非同質化代幣，是資產從一人移轉至另一人的數位表徵，通常用於獨一無二的數位品項。這個新興技術已被線上遊戲公司使用，並可能在不久的將來成為收藏品的新標配。

非同質化代幣與其他形式的數位內容不同，它們具備載明照片、影片或其他形式的線上媒體所有權的區塊鏈證明。每一個代幣都各自代表一個收藏品，意即他們在本質上就稀有而無法複製。NFT自2020年起大受歡迎，如今昂貴的藝術作品也透過這種方式銷售。

NFT 早期成名代表作

最初的NFT包含我們在第二章中詳述的《謎戀貓》遊戲裡的數位收藏品貓咪。《謎戀貓》是由加拿大工作室Dapper Labs於以太坊網路上開發的區塊鏈遊戲，它成為ERC-721代幣規格標準的先驅，讓玩家得以購買、收集、繁殖與出售獨特的虛擬貓咪。ERC-721發跡後廣為發展並用於促進各類型數位媒體的交易。

NBA Top Shot

NFT躍升主流的契機是美國國家籃球協會（National Basketball Association，NBA）推出的Top Shot網站，使用者可以在網站上買賣他們最喜歡的NBA球員的NFT。NBA球迷們充分地展現了他們的熱情，網站開幕短短5個月已經擁有10萬個買家並締造超過2億5,000萬

美元的銷售額。大部分的交易都透過網站的P2P交易平台完成，NBA則從每筆交易中收取權利金。

勒布朗・詹姆斯（詹皇）灌籃，是籃球界最代表性的時刻之一，被製作成NFT並隨後以20萬美元的價格售出。粉絲熱衷於購買NBA紀念品來紀念生命中重要的球員與賽事，而NFT以一種全新的方式使用了這份熱愛。

音樂人

NFT的應用範疇也擴及音樂產業，多來年深受矚目的女歌手格萊姆斯（Grimes）於Nifty Gateway平台售出一系列10份、價值共600萬美元的NFT，售價最高的是名為〈Death of the Old〉的獨一無二MV，以388,938美元的價格售出。她同時也以每份7,500美元的價格售出了數百份名為〈地球〉與〈火星〉的兩支短版MV的NFT。

網路迷因

網路迷因「彩虹貓」（Nyan Cat）只是眾多變成NFT的有名迷因之一。如果你對這個迷因沒有印象，它是根據2011年的YouTube影片搭配日本流行歌曲製成的動畫，顯示一隻腹部是Pop-Tart（按：一種美國的餅乾點心）的貓飛過天空並留下彩虹軌跡。在一場為期24小時的拍賣中，創作者克里斯・托雷斯（Chris Torres）將復刻的週年紀念版本彩虹貓NFT以590,000美元售出。

特殊的 NFT

也有不必然歸類為藝術的物品被製做成NFT，舉例來說，你可能不認為推特文（tweet）是一種藝術。但是，推特（Twitter）創始CEO傑克・多西（Jack Dorsey）以290萬美元賣出他的第一篇推特文NFT——於2006年3月21日發布的推特文：「我只是在設定我的推特。」買下該NFT的富商西拿・埃斯塔維（Sina Estavi）將其對比為買到蒙娜麗莎畫作一般。藝術與美的確適用情人眼裡出西施這句話。

投資角度下的 NFT

跟所有的投資一樣，你需要運用最佳判斷來決定你所購買的NFT藝術品的價值。

我們不是財務顧問，這並非投資建議。NFT的價值可以用客觀與主觀的方式衡量，在這一段落中，我們收集了幾點關於高價值NFT的「drop」（從音樂產業借用的詞，意思就是發行）你需要注意的事項。

NFT是一種新型的數位資產，其市集特性會隨時間持續發展。簡而言之，永遠記得運用你的最佳判斷，購買你本身喜愛的商品，並永遠不要投資過多的資金。祝尋寶愉快！

藝術家的人氣

藝術家在發行前的人氣是決定價值的最主要因素。如果你聽過這個名

字，表示其他人也可能聽說過並想要擁有一件該藝術家創作的數位藝術品。

「加密龐克」(CryptoPunks)有點顛覆這個概念，因為在NFT興起前它們毫無人氣可言。NFT收藏家們在OpenSea或Rarible等交易市集上用數千元以太幣的價格將其販售。加密龐克的活躍交易創造了價格下限(price floor)，讓你在任何時點都可以得知具參考性的市價。

加密龐克同時也是早期的NFT產物，NFT可以因時間與稀缺度而增值，許多起源於2017的NFT如謎戀貓與加密龐克都在拍賣中創下令人印象深刻的售價。

區塊鏈安全性

談到NFT時，關於安全性的議題總是浮現。NFT之所以受到關注正因其號稱無法變造與防詐騙，同時因為區塊鏈讓你獨立擁有而不須倚賴單一中心維護其存在與安全。以太坊因為是創建與保護NFT最悠久又最安全的方式，現在已成為最受歡迎的NFT管道之一。評估NFT的區塊鏈時，需要考量區塊鏈的去中心化程度與持續性，意即未來這個區塊鏈是否能留住使用者並維持熱度。

REMEMBER　不是所有的NFT都完全在鏈上(on chain)，所謂鏈上是指用以呈現數位藝術的資料存放於區塊鏈。由於在去中心化、採用工作量機制(proof of work)的網路上儲存資料成

本高昂，藝術家經常將NFT代表的圖像儲存於AWS等第三方雲端服務上；少數幾個NFT，例如Avastar、Aavegotchi及Art Blocks，是完全位於以太坊鏈上的。

⚠️ **WARNING** 鏈下（off chain）NFT是表彰所有權但不取得數位藝術本身的代幣，如果NFT本身在鏈上，則代幣所代表的藝術具有分散式資料結構內建的冗餘（redundancy）特性。

了解 MetaMask 及其他熱錢包的風險

MetaMask（或稱小狐狸錢包）屬於「熱錢包」（hot wallet），一個連結網際網路並供你存放、收取及發送以太幣和其他代幣的工具。所有網路上運作的錢包都是熱錢包，也是所有加密貨幣錢包中安全性最低的，而與熱錢包相對的冷錢包（cold wallet，亦稱作硬體錢包或離線錢包）則不會連結網路。因為MetaMask屬於熱錢包，因此它不是一個安全存放身家的方式，只適合用來處理你馬上要執行的小額交易。

截至本文撰寫為止，MetaMask尚未遭遇重大駭客入侵。MetaMask屬於「分層確定性錢包」（hierarchical deterministic wallet，HD wallet），會自動產生分層樹狀結構的公鑰與私鑰來備份你的錢包，讓你免去手動備份的麻煩。MetaMask背後也有一群活躍並定期更新代碼庫（code base）的開發者團隊。使用MetaMask你主要面對的風險是網路「釣魚」攻擊，釣魚的手法是由詐騙者傳送假訊息給你，誤導你

提供你的密碼與使用者代號。

網路釣魚攻擊十分常見，目標指向你錢包的密碼與助憶詞。無論任何情況下，都不要將你的密碼或助憶詞告訴別人。下列三樣東西，你應該秉持打死不開的精神以免被釣：

>> 彈出式廣告

>> 可疑的電子郵件

>> 可疑廣告或郵件內的連結

MetaMask也支援線上身份管理，當有分散式應用程式（dApp）試圖執行一筆交易並且寫入以太坊區塊時，MetaMask就相當於你的安全介面。

話雖如此，MetaMask錢包也不是安全到可以存放鉅款。我的原則是：MetaMask錢包裡不要放超過你願意放在自己的皮夾或皮包裡的金額。如果你需要存放更多代幣，可以考慮使用如Trezor或Ledger的硬體錢包，同時記得直接向製造商購買硬體錢包，以免像最近的Amazon詐騙案件一樣，網購的設備在寄給買家前就已遭駭。

熱錢包比一比

MetaMask並非市面上唯一的熱錢包，我們選擇在本書中使用它是因

其經過多年的開發與測試，還有許多免費又好用的錢包值得你探索，例如Exodus與Jaxx。

熱錢包的優缺點

　MetaMask這個實用的發明，讓你不必打造完整的區塊鏈節點也能夠使用以太坊區塊鏈（經營完整的節點既費工又佔用可觀的硬碟空間）。對區塊鏈與NFT的初學者來說，MetaMask是個好幫手。

MetaMask的主要優點如下：

>> **開放原始碼：**MetaMask是一個開放原始碼軟體，其廣大的開發者社群隨時在進行改善與更新，以提供更安全便利的使用者體驗。

>> **可設定備份：**MetaMask使用分層確定性架構，因此使用者可以對錢包進行備份。

>> **整合性佳：**MetaMask已與其他好用的虛擬貨幣交易及管理平台APP如ShapeShift與Coinbase整合（Coinbase我們在第二章時有討論到）。

MetaMask的缺點則有：

>> **安全性不足：**如同所有的熱錢包，MetaMask永遠不可能安全無虞。

>> **個資問題：**MetaMask能夠有限度存取你的個資，可能造成部分使用者的疑慮。

MetaMask自2016問世以來，工作團隊投入大量心力，使得以太坊區塊鏈的應用更加簡單、可靠且安全。

 正所謂成也蕭何、敗也蕭何，MetaMask最大的問題與好用的關鍵剛好是同一個：它是線上錢包，安全性註定比不上硬體錢包或實體錢包。

 當你把MetaMask加入瀏覽器，系統會跳出類似以下的訊息來要求你同意更新瀏覽器設定：「允許MetaMask讀取並更改你訪問網站上的所有資料。」分散式應用程式，例如本章節後續會提到的NFT網站，會存取區塊鏈上的資料。MetaMask需要在每個網頁上置入web3 JavaScript，以便在不改動網站的狀況下讓你可以同時使用網站與區塊鏈。

MetaMask 錢包登場

MetaMask是一款許多人使用的加密貨幣錢包，你可以依喜好安裝於MetaMask支援的諸多熱門瀏覽器。在這一段落中，我們將教你如何設定你的新錢包、防止遭竊以及匯入資金。

MetaMask的創始團隊想要開發一個容易使用又安全的錢包。除此之外，他們希望這個錢包可以讓新加入的使用者能夠與OpenSea等Web 3.0網站互動（我們將在本章後段更深入討論OpenSea）。你可以把Web 3.0持續致力於將網際網路打造得更有智慧與連結性的努力，而MetaMask正是連接你與這個新網路的介面。

MetaMask處理帳戶管理事宜並將使用者與以太坊區塊鏈連結。MetaMask身兼以太幣與ERC-20代幣的錢包,讓你可以透過網頁瀏覽器管理你的以太坊私鑰,也能夠登入與MetaMask整合的網站。這還滿酷的,因為它讓你得以在沒有以太坊完整節點的狀態下,用你最習慣的瀏覽器執行以太坊分散式應用程式。在MetaMask出現之前,你必須在你的裝置上下載並同步整個區塊鏈才能辦到,而這件事對一個普通人來說是難上許多的。

安裝 MetaMask

要設定並啟用MetaMask非常簡單,在這一段裡我們將說明如何透過以下三個常用瀏覽器安裝MetaMask:Chrome、Firefox與Brave(蒂安娜私房推薦)。

如果你沒有以上任一瀏覽器但想嘗試使用其中之一,我們推薦從官方網站https://brave.com/zh/下載Brave瀏覽器。

在 Chrome 上安裝 MetaMask

開啟Chrome瀏覽器並依下列步驟安裝MetaMask:

1. **前往** https://metamask.io。

2. **點擊「馬上下載」。**

   你將被帶往 Chrome 商店。

3. **在 Chrome 商店的 MetaMask 頁面,點選新增到 Chrome。**

4. 在彈出視窗選擇「新增擴充功能」(Add Extension)。

這樣就差不多了。在你瀏覽器的右上角會出現一個小圖示，想開啟MetaMask只需點擊它即可。現在你可以跳到〈在Chrome與Firefox設定你的MetaMask密碼〉這個段落了解如何讓你的錢包更安全。

在 Firefox 上安裝 MetaMask

開啟Firefox瀏覽器並依下列步驟安裝MetaMask：

1. **前往** https://metamask.io。
2. **點擊「馬上下載」。**
   你將被帶往 Firefox 擴充功能頁面。
3. **點選「加入 Firefox」(Add to Firefox)。**
4. **在彈出視窗選擇「新增」(Add)。**

現在你擁有一個全新的MetaMask錢包了。在你瀏覽器的右上角會出現一個小狐狸圖示，點擊即可開啟MetaMask。你可以跳到本章後面的〈在Chrome與Firefox設定你的MetaMask密碼〉段落了解如何讓你的錢包更安全。

在 Brave 上安裝 MetaMask

Brave瀏覽器內建MetaMask，因此在使用上非常容易，你只需要開啟該功能。開啟Brave瀏覽器並依下列步驟操作：

1. **前往** https://metamask.io。

2. **點擊「馬上下載」。**

3. **點選「在 Brave 上 安 裝 MetaMask」(Install MetaMask for Brave)。**

   你將被帶往 Brave APP 商店網站。

4. **點選「新增到 Brave」。**

5. **點選「新增擴充功能」。**

6. **點選「開始」(Get Started)。**

7. **點選「創建錢包」。**

8. **點選「不用了，謝謝」(No Thanks)。**

   你也可以選擇「同意」，如此你的資料將會分享給 MetaMask 開發團隊。

9. **依指示設定密碼並抄寫於安全的地方。**

   不要跳過這個步驟！系統會給你一組由 12 個單字組成的助憶詞。

    區塊鏈上可沒有客服部門，萬一出了什麼狀況，帳戶的復原必須由你自己負責。你可以使用 12 個字的助憶詞來復原你的帳戶。

   在下一個頁面中，MetaMask 會要求你按系統提供的順序輸入 12 個字的助憶詞。在這一步之前，你有幾個選項可以安全地保存你的密碼與助憶詞：你可以將其寫下放在網路與電腦以外的安全之處；將其寫在數張紙上，然後分別放在兩三個安全的地方（例如保險箱或可上鎖的檔案櫃是個好主意）；如果你可以將密碼與助憶詞護貝起來，也建議你立即執行。

10. 依照指示輸入單字後點選「完成」（All Done）。

在 Chrome 或 Firefox 設定
MetaMask 密碼與助憶詞

假如你在Chrome或Firefox上安裝MetaMask，依照以下步驟使你的
錢包更安全：

1. **在開啟的 Chrome 或 Firefox 瀏覽器中點擊右上角的狐狸圖像。**

2. **在出現的新頁面中間選擇「開始」。**

3. **點擊「創建錢包」。**

4. **在「協助我們改善 MetaMask 」頁面（Help Us Improve
   MetaMask），點擊「同意」（I Agree）。**

5. **依指示設定密碼並抄寫於安全的地方。**

   不要跳過這個步驟！設定好自己的密碼後，系統會給你一組由 12
   個單字組成的助憶詞。

    你可以使用 12 個字的助憶詞來復原你的帳戶。區
   塊鏈上可沒有客服部門，帳戶的復原需由你自己
   負責。

   在下一個頁面中，MetaMask 會要求你按系統提供的順序輸入 12
   個字的助憶詞。在這一步之前，你有幾個選項可以安全地保存
   你的密碼與助憶詞：請勿使用密碼管理軟體，將助憶詞手寫在
   數張紙上然後分別放在兩三個安全的地方（例如保險箱或可上
   鎖的檔案櫃是個好主意）；如果你可以將密碼與助憶詞護貝起
   來，也建議你立即執行。

6. 依指示輸入單字後點選「完成」。

於 MetaMask 錢包中儲值以太幣

如果你還沒擁有以太幣（以太坊的原生加密貨幣），你可以從
MetaMask錢包APP中小額購買。如果想大額購買，需要經過以太坊
支付公司Wyre的客戶身份驗證程序。

 Wyre的支付流程讓你以簡單直覺的方式用Apple
Pay或是信用卡購買加密貨幣，別忘了MetaMask這
一類的熱錢包只適合存放小額加密貨幣。

按照下列步驟取得一些以太幣吧！

1. **在先前安裝 MetaMask 的瀏覽器中點擊右上角的狐狸圖像，開啟
   MetaMask 錢包。**
2. **輸入使用者名稱與密碼登入錢包，並點擊「購買」（Buy）。**
3. **點擊「繼續前往 Wyre」（Continue to Wyre）。**
   這將會打開新的視窗並載入 Wyre 支付頁面：https://pay.
   sendwyre.com/purchase
4. **選擇想購買的金額以及付款方式（Apple Pay 或信用卡）。**

若不習慣使用Wyre APP，你也可以於www.coinbase.com設定
Coinbase帳戶來購買以太幣。如果你需要設定Coinbase的相關協助，

請參考第二章；錢包之間轉帳方面的問題，可以參閱蒂安娜‧勞倫斯的另一本著作《區塊鏈新手聖經》。

在你完成購買或轉帳後不久，新的代幣就會出現在你的MetaMask錢包裡，等待的時間端看網路速度而定。一旦資金到位，你就可以購買你的第一個NFT了！

探索 NFT 交易市集

面對各式各樣的平台，你很容易就會感到暈頭轉向。這個段落主要介紹三個讓你買賣甚至創建NFT的平台。

航行於 NFT 的汪洋：OpenSea

OpenSea是一個供使用者交易其擁有的數位商品的大型P2P市集，商品範圍涵蓋運用區塊鏈技術的收藏品、網域名稱、數位藝術品、遊戲道具等其他品項。OpenSea讓使用者可以在一個容易使用的市集平台上瀏覽、買賣、創建與移轉NFT，並擁有一大群充滿熱情的使用者、開發者與創作者。

戴文‧芬則（Devin Finzer）在2017年與艾力克斯‧阿塔拉（Alex Atallah）共同創立了OpenSea，當時芬則才剛將他的前一個公司Claimdog賣給Credit Karma不久。他在布朗大學主修電腦科學與數學，加上曾在Google等科技巨擘工作的經歷，讓他看見區塊鏈科技帶

給新興數位經濟的前景。

OpenSea很快被運用區塊鏈打造各種新型數位產品的創作者接受，並快速演變成規模破10億美元的交易平台，而打造出來的工具讓開發者得以創造豐富又完整的數位資產並加以出售。

OpenSea 上常見的代幣種類

OpenSea上有好幾種重要的代幣類型。這些包含代幣規格標準，例如ERC-20、ERC-1155以及ERC-721。這幾種標準讓使用者以明顯不同的方式編制他們的資產，值得特別提出來說明：

>> **ERC-20**：利用智能合約創建出來的同質化代幣，ERC-20代幣合約追蹤同質化代幣，「同質化」在這裡的意思是任何一個代幣與其他任一代幣完全相同。ERC-20代幣沒有任何與之相關的特別權利或行為，適用於創建加密貨幣或取得投票權等工作。

>> **ERC-1155**：這個代幣規格標準用來創建同質化與非同質化（獨一無二）資產，如數位收藏卡、寵物與遊戲人物造型。它比ERC-20來得複雜，開發者可以用單一智能合約同時代表多個代幣。

>> **ERC-721**：代表代幣的所有權，用來追蹤具有獨一無二特性的物品。ERC-721是比較早期的非同質化數位資產規格標準，儘管與ERC-1155類似，ERC-721不同之處在於沒有餘額概念。每個ERC-721代幣都獨一無二、不可替換並且只有存在或不存在之分。

開發者發明了ERC-1155來協助控管代幣在區塊鏈上所產生的費用，這個代幣規格標準為需要多個代幣的項目省下鉅額礦工費。ERC-1155不採用ERC-721為每一種代幣形式部署一

個新智能合約的方式，而是讓單一個ERC-1155代幣合約代表多個代幣，達到減少部署合約的相關費用與複雜程度的效果。

在 OpenSea 上購買 NFT

在OpenSea上購買NFT還滿簡單的，特別是如果你已經有一些比特幣或以太幣在手並且已設定好MetaMask錢包。在你安裝MetaMask的瀏覽器中前往OpenSea網站（https://opensea.io），點擊狐狸圖像，然後登入你的MetaMask錢包。

你可以從「探索」（Explore）瀏覽OpenSea提供的產品類別，每個類別都會顯示當紅的作品、近期上架品項與新鑄造品項。想要在OpenSea上尋找與購買NFT可以按照下列步驟進行：

1. **在「探索」導覽列選擇「藝術」（Art）。**

    這個步驟將把你帶往列出最新 NFT 藝術的「探索藝術」（Explore Art）頁面，你可以使用搜尋列來尋找你喜愛的藝術家，或隨意瀏覽可購買的作品。

    我們接下來將用我們最喜歡的 NFT 創作者之一——Artificial Intelligence Art V2，來當作範例。他訓練 AI 模型分析數百萬張名家的畫作（如畢卡索、羅斯科與莫內等），再根據經典畫作創作成獨一無二的藝術作品，產出的限量作品顯得既獨特又熟悉。

2. **在搜尋列輸入「The Aftermath of Uncertainty 1583」。**

3. **點擊「The Aftermath of Uncertainty」的圖案，前往記載其作品細節與交易歷程的頁面。**

往下捲動可以看到交易歷程，顯示這個 NFT 的歷屆擁有者與支付的價格。每個 NFT 都有一個擁有者、一個創作者與中間的交易歷程，而以上資訊都是可以驗證的。每個品項的頁面也有作品詳情，讓你可以確認用來創造它的智能合約與其他如 NFT 所在的區塊鏈、圖像是儲存於單一集中位址或分散多處等重要資訊。

4. **如果你找到想要購買的作品，點擊「立刻購買」（Buy Now）。**

   你的 MetaMask 錢包會開啟交易頁面，讓你將要購買的 NFT 放入錢包。在你完成購買後，該 NFT 將會與你用來購買的 MetaMask 錢包連結。

 務必確認你的錢包已完成安全性設定；如果你不確定，請參考本章的〈安裝MetaMask〉。

在 OpenSea 上創建你的個人 NFT

在OpenSea上創建你的個人NFT收藏很容易，這個段落將涵蓋如何在OpenSea創建個人收藏並加入你自己的NFT。

你可以用任何素描軟體來創作數位藝術作品，只要選用你喜歡的創作工具即可，我們將會上傳一幅蒂安娜的抽象畫作為例，她使用Sketch.IO提供的免費素描軟體「Sketchpad」（https://sketchpad.app）創作。

OpenSea支援許多圖像、影片、音源與3D模型的檔案類型，網站雖然建議將檔案保持在20MB內，然而在本書撰寫時網站可支援至40MB

的大小。OpenSea支援的檔案類型包括GIF、GLB、GLTF JPG、MP3、MP4、OGG、PNG、SVG、WAV以及WEBM。如果你的檔案逼近40MB上限，速度可能會受到影響。

本書撰寫時，Sketchpad有些圖示版本較舊，如圖4-1顯示的「下載」頁面：

>> **檔案格式**：JPEG，OpenSea支援的檔案類型之一

>> **DPI**：300，解析度越高，圖像品質越高

>> **顯示大小**：按比例縮放

>> **大小**：2.0x

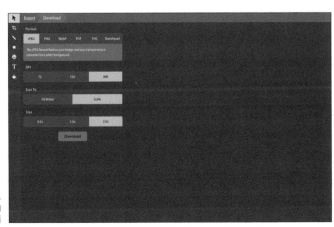

圖 4-1
Sketchpad
「下載」頁面

下載你的作品時，記得取一個有創意的名字並儲存在往後容易找到的地方。太棒啦！你已經擁有一件可以轉成NFT的原創藝術作品了！（圖4-2是蒂安娜為本章創作的抽象原創作品。）

圖 4-2
蒂安娜·勞倫斯於
Sketchpad 上創作的
原創作品

準備好作品後，現在該設定你在OpenSea上的第一批收藏品了，方法如下：

1. **前往** https://opensea.io
2. **點擊「個人檔案」(Profile) 圖示並選擇「我的收藏」(My Collections)。**

   安裝於瀏覽器的 MetaMask 錢包應該會自動幫你登入 OpenSea。如果沒有，請照步驟 3 進行。

3. **依畫面指示用你的錢包登入。**

你的錢包代表你在 OpenSea 上的身份。如果你尚未設定好錢包，可參閱本章前面的〈安裝 MetaMask〉。

4. **點擊「我的收藏」頁面上方的「建立新收藏」（Create new collection）。**

5. **輸入你想取的名稱與相關敘述。**

現在你在OpenSea平台上擁有一席之地了！按下列步驟將作品加入你的收藏供其他人觀看：

1. **在「我的收藏」頁面上方點擊「新增作品」（Add Item）。**

你將被帶往新的頁面，指示你上傳藝術作品。你可以將你的圖像、影片、音檔或 3D 模型檔案拖曳到「建立新作品」（Create New Item）下方的方框內。

2. **將圖像檔拖曳至頁面上方指示的方框中。**

3. **在文字欄中輸入簡短的敘述與其他細項。**

4. **捲動至頁面最下方點擊「創建」（Create）。**

恭喜你！你已成功創建你的第一個NFT！現在你可以將其分享到社群媒體上。（如果你很享受創建的過程，可以在你新NFT的推文中標註我@LaurenceTiana。）

Nifty Gateway

Nifty Gateway是NFT的高檔數位藝術拍賣平台,由著名的溫克沃斯(Winklevoss)雙胞胎兄弟向另一對雙胞胎兄弟,創辦人葛里芬與鄧肯・卡克・佛斯特(Griffin and Duncan Cock Foster)收購。Nifty Gateway平台上曾售出熱門藝術家如Beeple、格萊姆斯、Billelis等其他國際知名藝術家的NFT作品,甚至攜手蘇富比(Sotheby's)拍賣行,將自身定位為NFT收藏家的高端平台。

絕妙品「Nifty」與限量發行「drop」

Nifty Gateway將其稀有的數位品項稱為Nifties(意為絕妙),但別被花俏的詞彙混淆了,它只是NFT比較時髦的說法而已。Nifties使用與其他代幣相同的通用代幣規格標準ERC-721,每一個nifty都代表一個獨一無二的數位品項。如同其他的NFT平台,Nifty Gateway是尋找加密收藏品與加密藝術的好地方。

Nifty Gateway提供一個以信用卡或金融卡購買NFT的便利管道,在本書撰寫期間,大多數平台都要求你使用以太幣等加密貨幣來交易。Nifty Gateway平台同時讓你從熱門加密遊戲與APP購買NFT,例如OpenSea、《謎戀貓》以及《諸神解放》(Gods Unchained,一個類似區塊鏈版《爐石戰記》的遊戲)。

Nifty Gateway另一個有趣的特點是「drop」(限量發行),意指藝術家發行限量的數位藝術新作的特定時間。歌手格萊姆斯與她的合作夥

伴麥克 波切爾（Mac Boucher）就是這樣發行他們名為「戰爭寧芙」（WarNymph）的NFT，在幾分鐘之內，所有的作品就銷售一空。

> **TIP** Drop在收藏家間越發受到歡迎，因為除了可以看見傑出藝術家的新作品，還可以在購買後透過NFT交易平台轉售來獲利。這種策略與購買熱門演唱會門票後在StubHub等票券轉售網站上出售有異曲同工之妙，差別在於drop的品項是由藝術家直接販售。你可以在特定時間內第一手購入這類NFT，或是在二手市集從原擁有者手中購買。

設定 Nifty 帳戶並進行購買

要設定你的Nifty帳戶，請依照以下步驟進行：

1. **前往** https://niftygateway.com。

2. **點擊「登入／註冊」（Log In / Sign Up）。**

3. **在「註冊」頁面填入資料來建立新帳戶。**

    Nifty Gateway 會寄送確認信與確認碼。

4. **複製電子郵件信箱收到的確認碼，再貼至驗證欄位中。**

想要研究與購買NFT很簡單，只要照下列步驟即可：

1. **回到 Nifty Gateway 首頁** https://niftygateway.com

2. **點擊「查看全部」（View All）。**

    這個步驟將帶你前往新的頁面，上面會列出所有即將發生的活動與日期。

3. **點擊本日主打的藝術家。**

   這個步驟將帶你前往該 NFT 的相關頁面：第一部份顯示藝術家與其發表過的收藏相關的資訊，而可供購買的 NFT 都列於「瀏覽市集內作品」（View Listings in Marketplace）的標題下。

4. **點擊任一 NFT，前往另一個記載更多該作品可購買份數資訊的頁面。**

   當你找到喜愛的 NFT 時，可以點擊位於圖像下方文字說明區內的「出價」（Bid）進行出價。在 Nifty Gateway 網站中可使用信用卡購買 NFT，就和一般線上購物網站一樣。

NFT 一開始是藝術作品，所以他們未必是有效率的投資，他們受歡迎的程度（以及其價值）可能隨時間遞減。切記不要在 NFT 上花費超過你所擁有的錢，並且只購買你真正喜愛的。

Rarible 的去中心化管理

Rarible 是個 NFT 去中心化交易平台，由來自俄國的亞列克謝 法林（Alexei Falin）與亞歷山大‧薩爾尼科夫（Alexander Salnikov）於 2017 年創立，並在 2020 年對外開放。與其他 NFT 平台相同，你可以創建並販售代幣化的藝術；與其他平台不同的是，Rarible 提供藝術家容易使用的多元服務，支援高畫質檔案與隱藏訊息，也讓藝術家設定智能合約來針對藝術品收取權利金。

舉例來說，你可以在每次作品轉手時收到一筆錢，因此Rarible是藝術家獲得收入的好方法，但如果NFT在不支援相同權利金架構的平台上轉售就可以規避此機制。

Rarible的NFT市集的差異還不只這些。打從一開始Rarible就以一種新公司型態——分散式自治組織（decentralized autonomous organization, DAO）——透過社群參與來驅動成長；與集中式服務不同，DAO是一個非託管型的NFT鑄造與交易平台（非託管型的意思是平台沒有中央管理單位）。Rarible的DAO架構形成了一個由藝術家與NFT愛好者組成的強大社群，共同管理著這個平台。

身為社群的一份子，你可以透過手上的原生治理型代幣（governance token）「RARI」決定平台的未來發展。如果你是加密貨幣新手，所謂治理型代幣是賦予持有者在區塊鏈上的投票權的一種加密貨幣。RARI讓Rarible平台上最活躍的創作者與收藏家投票決定平台的升級並參與策劃與審查。

REMEMBER　有一點必須要澄清：RARI沒有市值也無法購買，你得靠積極參與平台活動來獲得。Rarible上的創作者、賣家與買家每週會依其當週的參與程度（買賣量）收到配發的RARI。

在Rarible上創建NFT只需要幾分鐘的時間。Rarible平台介面簡潔，

除了讓你可以發行NFT 之外，也可以設定有權利金比率的智能合約以及作品拍賣會。

Rarible平台藉由提供藝術家將作品代幣化的能力以及保障其出處與所有權，來解決智慧財產權的付款問題、詐騙與授權文書處理等繁瑣議題。

Rarible並不完美，它依然有一些問題需要克服。舉例來說，創作者可以利用Rarible的DAO系統漏洞來進行NFT的洗售（wash），即使用者購買自己的藝術作品來獲得RARI的詐騙行為。另外在本書撰寫時，Rarible還不是完全的DAO，意即你的投票決定比較像是提供給Rarible團隊的意見，最終決定權仍掌握在公司手裡（由於Rarible才剛起步不久，這也許是最好的做法）。

開始使用 Rarible

你可以將錢包與Rarible網站連結來設定帳戶，只需要前往https://rarible.com並點擊螢幕右上角的「連結錢包」（Connect wallet）或「登入」（Sign in），選擇MetaMask或你使用的錢包名稱。

當你登入你的錢包，你就同時登入Rarible了。你可以繼續依照以下步驟調整帳戶管理設定：

1. **點擊頁面頂端的「我的物品」（My items）或前往** https://rarible.com/settings。

2. 從這個頁面，更新你的顯示名稱。如果你想要，也可以連結你的社群媒體帳戶。

3. 點擊「更新個人檔案」(Update Profile)儲存變更。

   如果這個步驟導致 MetaMask 錢包彈出新視窗，只需繼續完成畫面中出現的指示。當網站試圖確認你的身份時可能發生這樣的狀況，例如若你的錢包中有一筆待完成交易，這筆交易將會防止你更新 Rarible 上的使用者資訊。你需要先在錢包中匯入足夠的資金，或取消該筆交易，將錢包中的待完成交易清空後，才可以通過 Rarible 的認證。

創建具權利金架構的拍賣會

在進入舉辦Rarible拍賣會的細節前，你首先需要使用Sketchpad或其他素描軟體創作一幅數位藝術品。

當你把作品準備好後，依下列步驟進行：

1. **前往 Rarible 網站** `https://rarible.com`。

2. **點擊「使用 MetaMask 登入」(Sign in with MetaMask)。**

   如果你尚未設定你的 MetaMask 錢包，可參考本章前面內容，依照步驟設定你的錢包。

3. **點擊頁面頂端的「創建」(Create)。**

4. **在「創建收藏品」(Create Collectibles)區選擇「多個」(Multiple)。**

5. **點擊「選擇檔案」(Choose a File)。**

   點擊後會開啟新視窗，讓你搜尋電腦上的藝術作品檔案。

6. **用搜尋列尋找你的藝術作品檔名。**

你的作品檔案會隨你輸入檔名出現在視窗內。

7. **在視窗內點擊作品檔以選取檔案。**

8. **點擊視窗右下角的「開啟」(Open)。**

你的作品將出現在 Rarible 頁面上,接下來的步驟將會在瀏覽器中完成。

9. **點擊「開放出價」(Open for bids)。**

如此將讓交易平台的使用者可以對你的 NFT 進行出價。

10. **在「選擇收藏」(Choose Collection) 區點擊 Rari。**

11. **輸入標題、作品描述以及每當作品轉手時你想收取的權利金百分比。**

12. **輸入你想發行的數量。**

13. **點擊「創建品項」(Create Item)。**

14. **前往你的 MetaMask 錢包並點擊「同意」(Approve)。**

假如你尚未將資金匯入 MetaMask 錢包,本章前面有說明方法。將你的 NFT 發布到以太坊區塊鏈上會衍生相對應的礦工費 (gas fee),礦工費會動態調整而非固定不動,我們在第六章會針對礦工費作細部討論。

15. **回到 Rarible 網站並點擊「開始」(Start)。**

你可能需要重新整理頁面才能看到你的 NFT。

恭喜你!你已經成功替你的數份同一作品建立NFT拍賣會,並且設定權利金結構以便在每次你的NFT轉手時收取權利金。

第 **5** 章
投資 NFT

這一章涵蓋NFT投資的嶄新世界，你可以研究各式投資策略，包含物色可投資的NFT種類。本章同時介紹各項投資（包含NFT）的相關規定與主管機關。

不論你是考慮認真投資、喜歡收集收藏品、想要走在投資的最前線，或者純粹出於好奇，NFT都值得你花時間了解。有時候要真正了解這樣一個新興市集的方式就是去參與，藉此認識種類眾多的代幣並親身感受其價位以及不同交易平台如何呈現、列示與販售平台上的資產。

REMEMBER　　　　　　　　　與其他任何投資一樣，你應該儘可能多做功課並切記不投入超過自身能力範圍的資金。我們也建議你時時注意市集變化，因為供需、科技、法規的改變都可能造成一陣子的市集動盪。

 我們不是金融專家，本章提供的資訊也並非投資或稅務建議，無法取代專業投資顧問與會計師的意見。

觀念釐清：NFT 不是加密貨幣

在技術層面上，NFT與加密貨幣的相似之處在於它們都是存在於區塊鏈上的數位紀錄，差別在於每一個NFT都是獨一無二的。舉例來說，如果你有一枚比特幣，你可以將這一枚比特幣與另一枚交換但其市值依然不變，這通常稱為「可替代性」或「同質性」（fungibility），意即某資產可以與另一個同類型資產互換而不改變其價值。

在區塊鏈上，任兩枚比特幣都是相同的，當然以太坊區塊鏈上的以太幣以及在原生環境下的萊特幣（Litecoin）甚至狗狗幣（Dogecoin）也同樣適用。這類資產的全球交易量高達數百萬美元，吸引眾多買家參與。

NFT則不一樣，每一個非同質化代幣都有其獨特價值，雖然可交易但並非僅僅互換那麼簡單。儘管加密貨幣市集相當波動，所有比特幣在任一時間點都代表同等的價值；而每一個NFT都有各自的價值，可能在任何時點變動，並且與其他NFT的價值完全無關。

 NFT有無價值取決於是否存在有意願、能力交易的買家與賣家，有可能僅有單方面的市集，或不論價位

都沒有任何人想要購買。有人推測NFT市集可能崩盤，如同1990年代TY公司的豆豆娃（Beanie Babies）一般。

NFT 投資概述

隨著加密貨幣與各種新型數位資產的發明，如NFT及股權型代幣（equity token，一種功能與傳統股票相同的證券型代幣），投資界也正快速地轉變，但相關法規的腳步目前尚未完全跟上這股全球新型資產熱潮。

對一般大眾來說，傳統的投資是受到限制的。你通常會與券商或財務顧問合作，借助他們的專業投身複雜的股債與基金市集。這類型的投資有著緩慢但較為穩定的報酬，而協助你的投資專家們則受到政府機關的管理。

然而這並非從一開始便是如此，1920年代充斥的投機與詐騙使數以百萬計的人身陷經濟危機。1934年設立的證券交易委員會（the Securities and Exchange Commission, SEC）為一獨立的美國聯邦政府管理機構，負責保護投資人並執行聯邦證券法規。SEC的設立是美國政府為了對抗經濟大蕭條帶來的後果，以及防止未來因詐騙或狂妄自大產生的金融危機，由羅斯福總統提出的新政（New Deal）法案中的一項措施。

為更加保護社會大眾，美國國會通過《1933年證券法》（Securities Act of 1933），規定美國大多數的證券交易以及對美國公民發行的證券都需要登記。這個法案藉由規範投資者接收到公開發行證券的真實財務資訊來防止證券詐騙，也給予美國聯邦貿易委員會（the Federal Trade Commission, FTC）權力禁止證券銷售和將違法者關入監獄。

 新型金融工具（以區塊鏈技術打造，有金錢價值的真實或虛擬法律協議文件）受SEC與FTC管轄。這一點必須牢記，因為 NFT在你的國籍所在地或國家可能屬於金融工具並受到管轄，而且若你選擇賣出持有的NFT，可能還需考慮買家的國籍所在地或國家的法規。

SEC使用與傳統資產相似的方式來評估NFT這類數位資產是否屬於證券的範疇。在我們撰寫本章時，SEC尚未針對NFT發佈實務指引或對NFT創作者進行任何執法行為。然而，NFT可以被用來欺騙投資人或從事洗錢交易，致使美國或其他國家的政府可能介入管理這一塊。這有時會花上數年時間，而實際執法可能需要更久。

簡單來說，如果你買的NFT資產是某個在區塊鏈上有公開真實性紀錄的收藏品，那就像是你買了一幅畫作或某件藝術品，大概不屬於金融工具的範疇。然而，NFT也有許多使其很容易歸類於金融工具的特性：如果你購買了一個保障投資報酬的NFT，這可能就是一種證券，例如包裝成 NFT出售並保證股利的不動產投資；數位藝術的權利金

也可能是證券的一種，因為它很可能無法通過「Howey測試標準」（Howey test，為美國用來決定是否構成投資契約〔即一種證券〕以及何種資產受美國證券法規管轄的方法）。

當你在審視一個投資機會，又不確定它是否為投資契約時，可以檢視以下四項標準：

>> 涉及資金的投入

>> 針對共同事業（common enterprise）

>> 有獲利期望

>> 獲利來源為第三方

評估 NFT 投資是否適合你

在建立NFT投資策略前，先問問你自己：這類型的投資適合我嗎？

你可以選擇其他發展較久、可預測性高又有市集研究報告的投資機會。與其他高波動的投機性投資一樣，千萬別把你的全副身家都放在NFT上。

 把投資金額限於「這筆錢飛了也沒關係」的金額，這樣可以確保你的財務健全，防止過多的壓力。

若你持有的資產被廣為追捧且價格上漲，將會是有趣又開心的事情；若沒有人認為你持有的資產有趣或有價值，對你而言並沒有損失，因為你沒有花費超出能力範圍的錢，並且真心喜愛所買的資產（我們希望是如此）。

以下兩點是一般人投資NFT的普遍原因：

>> **成為新資產的首批參與者**：成為各種NFT的首批擁有者之一絕對有某種程度的優越感。

>> **賺取金錢報酬**：現在有些人靠買賣NFT致富，不幸的是二手市集資訊並不充足，然而你仍能看到許多因此暴富的故事。

NFT看起來就像享受著加密貨幣早期的甜美時刻，當時有些人靠著早期購買比特幣與其他代幣而賺了大筆金錢，以致大家都想進場分一杯羹。有些人成功了，但有些人投資了未能升值甚至貶值的新貨幣而在市集波動中損失大量資本。

初學者投資策略

NFT所代表的廣大未開發的全球性商機讓投資者們趨之若鶩，NFT也可能如1990年代TY公司的豆豆娃一樣，是即將破裂的泡沫。事實很可能介於兩者的中間。

 有些NFT可能是投資的大好機會，而有些可能很快就

變得全無價值。某方面來說，投資NFT就像投資任何其他商品一樣，無疑地存在著風險，所以吸收充足的資訊是你最好的投資方式。

你也許決定出於樂趣收集NFT，像許多人純粹為了收集的樂趣而收集錢幣或郵票。有時候收藏品的確非常有價值，但許多收藏家從不出售他們的收藏也不以為意；另一方面，如果你想嘗試以NFT創造價值或財富，那麼你需要做多點功課。

 在沒有足夠知識的狀況下投資NFT，就像對藝術或其價值毫無概念的情況下投資傳統藝術，最終可能空有一個毫無價值的物品。如果過度進行這樣的投資，最終可能導致財務破產。

你的 NFT 值多少？

從許多方面來說，NFT只是傳統收藏品的數位版或是數位化的現代藝術品。棒球球員卡、錢幣、藝術、文件甚至是車子都可以是收藏品，賦予它們價值的是其稀缺性與人們渴望的程度。當一個東西越多人想要又供給稀少時，價格就水漲船高。不過，無論這個物品多麼稀有，仍然需要願意又有能力購買的買家，不然市集也不會存在。

NFT既跟上述產品相似卻又有所不同，它只是一個位於區塊鏈上證明所有權與出處歷程的紀錄，而且通常不會包含數位內容本身。區塊鏈的容量有限，而在多數傳統區塊鏈上如此儲存數位媒體檔案相

當佔空間且成本高昂。

NFT背後的技術倒是有助於創造一些價值，因為收藏品的價值與稀缺性相關，數位創作品的收藏變得相當具有挑戰性。數位作品通常可以品質無損地被複製，讓「擁有」一件數位資產變得困難。NFT藉由讓藝術家發行限量版本，或甚至為原作創建代幣並把所有權賣給收藏者來修正這個問題。這些NFT代表著資產的價值，換句話說，它們代表買家為了該資產所願意支付的金額。

你可以用很多方式決定一個NFT的價值，普遍的共識是任何資產的價值都建立在品牌、稀缺性或市集上。如果你熟悉其他類型的收藏品，可能會發現其中的共同點。

品牌

這裡所謂的品牌，是指誰創建了這個 NFT資產或與其有關聯。NBA Top Shot（https://nbatopshot.com，按：目前台灣無法使用該網站，需透過VPN才能瀏覽和購物）上最貴的收藏品之一是詹皇的一段影片（我們在本章後段〈投資績效最佳的NFT〉中會提到）。

詹皇的品牌具有價值，儘管收藏家可能對影片中的動作本身感到印象深刻，最重要的還是影片中的人。NFT現在吸引了酷爾斯、可口可樂、NBA等大咖品牌，以及 Beeple、格萊姆斯等名人，雖然還是有可能找到與知名藝術家品牌無關的有價值NFT，但要建立長遠價

值就顯得困難許多。

稀缺性

稀缺性是決定NFT價值的關鍵性因素，如果一位藝術家只發行單一份作品，就會比發行1萬份該作品更有價值。也因為稀缺性是如此重要的因素，多數交易平台會清楚標示每件作品的發行份數，創作者與交易平台便可以透過控制發行數量迅速影響價值。

市集

最後一項決定NFT價值的因素是市集，或販售NFT的交易平台。投資者可以在該市集看到過往交易或相似物品交易的價格，有時甚至還可以看到鑑價結果。

選定要採取的策略

如果你已決定好進入不穩定的NFT世界，首先你需要下功夫研究。稍微搜尋NFT投資機會，你就會知道這產業的現況就像是美國拓荒時期的西部，眾多的NFT交易平台上有成千上萬的NFT任君挑選。我們在第十二章會介紹其中10個交易平台。

⚠ **WARNING** 在進行購買之前，務必確認你位於一個正當的交易平台且所購買的底層資產是真實的，因為任何人都可以創建一個NFT然後號稱是原創真跡。由於NFT以及背後的區塊鏈有著去中心化的特質，因此沒有官方來源可以為這些交易平台的品質與

名聲進行審核。

建議你從喜愛的NFT類型中選一個開始進行小額投資,因為針對你理解並且喜愛研究的項目進行投資是個好方法。在你購買某資產後,你會願意花時間研讀相關知識並密切關注市場。

隨著知識與信心的建立,你可能會開始加碼投資。身為投資人,蒂安娜會設定投資目標,讓她就算在市集一頭熱時也能按計劃做出決策。不論資產類別,制定投資計畫並確實執行能協助你做出縝密、合乎邏輯的決定。

蒂安娜會關注的重要指標之一是「交易量」,即在任一時間點活躍的買家與賣家數。這會有點棘手,因為NFT是買家與賣家稀少的「淺碟市場」(thin market)。

詐騙者的伎倆之一是在兩個自有帳戶之間頻繁買賣資產來虛增價值,營造關於交易量的假訊號。當討論到NFT時,你需要用一些非傳統的研究管道,例如Reddit或推特。但記得,任何人都可以在上面發文,所以仍然要小心意圖哄抬價格的有心人士。很不幸地,這個問題在加密圈非常普遍。

身為投資人,蒂安娜會任意選定一個保守的目標報酬率(也就是你可以預期從投資中獲得的未來價值或利

潤），例如10%。你需要自己做功課並決定你感到滿意的報酬率，因為這將幫助你知道何時該賣出。傳奇投資人巴菲特建議投資人在別人賣出時買進，在別人買進時賣出。蒂安娜就是使用這個方法。

另一個蒂安娜慣用的做法是在她認定的市集高點前賣出。首先，她會決定一個心目中市價高點的金額。接著，她會任意選定一個數字，例如10%，並在價格到達前述市價高點的90%（100%-10%）時賣出，以便獲利了結而非承受崩盤的風險。要抓到市集的高點來進行交易是極度困難的事情。

投資績效最佳的 NFT

買家重視NFT的原因有很多，對某些投資人來說，NFT是一種藝術的形式；對其他人來說，購買NFT可能是對他們的社交圈展現權力與參與度的信號。所謂社交信號（social signaling）是你屬於某個群體且因為持有特定物品而擁有崇高地位的概念。

 要理解NFT並釐清投資的好處與風險，可以檢視一些表現最好的NFT。

以下清單列出數個獨一無二的NFT以及使其價位居高不下的因素：

》》 詹皇的「Cosmic」灌籃影片（產於2019年，以208,000美元賣出）：這個
NFT隸屬NBA Top Shot NFT交易平台。對某些人來說，Top Shot的模式令
他們想起收集籃球球員卡的歲月。收藏家有時會從購買的一包卡片中得
到「那一張」該系列中特別有價值的卡片（在這裡指的是一段記錄NBA賽
事中關鍵時刻的影片）。詹皇的這張卡片是一系列49張的其中之一。卡片
的價格有區間，普通卡一張最低9美元，而可能包含稀有卡的套組則接近
1,000美元。

**》》《瑞克和莫蒂》（Rick and Morty）「The Best I Could Do」系列（產於
2021年，以1,000,000美元賣出）**：《瑞克和莫蒂》由賈斯汀·羅蘭（Justin
Roland）創作，是卡通頻道下的動畫頻道Adult Swim的代表作。羅蘭以
100萬美元賣出一系列共18幅節目原稿，這是Nifty Gateway最高的交易金
額之一。《瑞克和莫蒂》有廣大的粉絲群以及宗教狂熱般的追隨者。

**》》 加密龐克（Crypto Punk）#7523（產於2017年的像素藝術角色，以
11,800,000美元賣出）**：為Larva Labs創作的10,000個像素藝術角色之
一，起源於Google的一個內部小專案。加密龐克在NFT界存在已久，以
致擁有加密龐克產生了一種社交信號。我們在第十三章會對加密龐克
#7523與其他加密龐克有更多介紹。

**》》《Axie Infinity》遊戲的「創世土地」（Genesis Estate）（產於2021年，
以1,500,000美元賣出）**：是位於區塊鏈遊戲《Axie》中的虛擬土地。如
同現實世界一樣，土地的價值取決於其位置，創世土地位於精華地段並
且有獨特的美感。

**》》 推特前CEO傑克·多西的第一篇推特文（原貼文於2006年發佈，2021年
被製成NFT並以2,900,000美元賣出）**：如今的推特在文化上與歷史上
都無比重要。儘管這篇推特文本身早在區塊鏈誕生之前就已經發佈，後
來被製成用來代表史上第一則推特文的NFT，絕對有其收藏魅力。

>> **2021年狗狗迷因「Doge」（被製成NFT並以4,400,000美元高價賣出）：** 迷因是形式多樣的文化接觸點（cultural touchpoint），擁有迷因可說是終極的社交信號。狗狗迷因（圖像是一隻可愛的柴犬）在加密圈內大受歡迎，因為他傳達了圈內「誰都可以製造加密貨幣」的梗。

>> **Beeple的〈每一天：最初的5,000天〉（數位藝術作品產於2021年，以 69,300,000美元賣出）：** 第一個由大型拍賣行佳士得賣出的純數位藝術作品（說現代藝術更為貼切），是由5,000張耗時13年拍攝的照片所組成的圖像。買家是新加坡的NFT收藏家MetaKovan與Twobadour。我們在第十三章會對這幅作品與其他Beeple的作品有更多介紹。

熱門的 NFT 種類

NFT有許多種類，而新的代幣規格標準正持續被開發。在這個段落裡，我們將介紹幾個最熱門的NFT種類。

數位藝術

數位藝術是NFT中很廣泛且位居最高售價排行榜前段班的類別，同時也是NFT中歷史最悠久的。凱文·麥考伊（Kevin McCoy）的作品〈量子〉（Quantum）是史上第一個鑄造的NFT。數位藝術NFT的創作與販售非常容易，市面上有許多交易平台讓任何人都可以創作數位藝術NFT。

收藏品

收藏品也是NFT市集中很大宗的類別。這類型的NFT很像傳統的棒

球球員卡與郵票，如最大的運動收藏品平台NBA Top Shot，坐擁數百萬美元的收入並培育出新一代的熱情支持者。

遊戲

遊戲同時也受惠於區塊鏈的發展。遊戲資產與NFT可說是完美搭配，交易量是所有類別之冠，在2020年有超過60萬個遊戲資產被售出，其中包括數位土地、造型與角色。

NFT讓玩家對遊戲中的數位資產有更多掌控權，顛覆了對遊戲製造商較有利的傳統遊戲經濟。

音樂

以NFT形式賣出的音樂也變得普及，這讓歌手可以直接將音樂賣給粉絲，並讓粉絲得到以往難以促成的額外福利。目前音樂產業還在適應串流這個重大轉變，歌手不必再看唱片公司臉色才能錄製與推廣實體專輯，獨立歌手也在尋找新的方法來分享創作內容並獲利。音樂家現在可以將其音樂代幣化直接賣給粉絲，樂迷甚至還可以得到別處找不到的專屬內容與插圖。

音樂領域的NFT可以帶來可觀的交易，2021年二月，名為3LAU的DJ與製作人賣出共1,200萬美元的 NFT，作品內容有特製歌曲、未曝光音樂作品、特製插圖與已發行歌曲的新版本。

熱門迷因／梗圖

被做成NFT的迷因與梗圖可說是最奇怪的類別之一，比較早期的熱門迷因包括「災難女孩」(disaster girl)、「彩虹貓」與「超黏人女友」(overly attached girlfriend)以數萬美元賣出。迷因有著普遍性特質，屬於該文化形成的世代以及參與創作及推廣這個次文化的人們所共有。迷因的所有權看似與稀缺性的概念衝突，所以這是一個非常特別的區塊。

申報 NFT 資本利得與繳納稅金

假如你深入NFT投資，你得準備好面對稅務方面的議題。如果你以為NFT的去中心化以及數位特質將讓你擺脫國稅局（IRS），那你可就錯了。NFT收入可分為兩種：

» 創建者賣出NFT時獲得的收入

» 投資人賣出NFT時獲得的收入

大多數投資人不必煩惱創建者如何被課稅這個問題，但其實很簡單，以下說明僅供參考。創建者賣出NFT獲得的收入就如同一般收入，如果你是自由創作者，就是當作自營收入（self-employment income）課徵自僱稅（self-employment tax）。

對美國投資人而言，NFT如同其他受美國國內稅收法典（Internal

Revenue Code）408(m)(2)規範的收藏品一樣，賣出NFT時的資本利得需課徵資本利得稅，高所得者的NFT資本利得會被課徵較高的稅率。

與預期相符，國稅局尚未完全趕上這波嶄新的NFT現象。目前尚未有申報機制，因此買家與賣家都必須為了報稅保存各自的交易明細。NFT獲利的申報方式也因你與NFT資產的關係而異，創作者直接將其申報於營業利潤或虧損表中，並可以扣除創作相關的費用。

 為確保你遵守稅務及其他法規，建議聘用稅務專家依照你的特殊狀況給予協助。

3

知識再強化
——NFT 逐步
編寫教學

在這一部分你將會：

了解以太坊虛擬機以及它如何運作

學會設定開發環境

手把手帶你打造自己的 ERC-721 代幣

Virtual Machine, EVM)

» 理解以太幣與智能合約所扮
演的角色

» 了解區塊鏈、交易驗證以及資
訊的保存

» 說明以太坊的限制及獲取以
太坊虛擬機外面的資料

第 6 章
以太坊是什麼？

在本章中，我們會概括介紹以太坊這個孕育了無數同質化與非同質化代幣的平台。

即使不閱讀本章的資訊，你仍然可以依照我們的逐步教學，在以太坊平台上鑄造你自己的ERC-721代幣（這些實用的細節與教學位於第七章，而你將在第十一章時迎來自己創造的NFT）。然而，本章會提供有用的資訊，有助你更加了解NFT的基本特性，以及NFT如何與整個以太坊互動。

揭開以太坊虛擬機的神秘面紗

你可以想像有一台全能電腦，可以儲存並依照無領導中心的社群（即

分散式自治組織）的共識執行程式碼。這台電腦處理需求所需的運算力以同質化代幣（這個無領導中心的社群的原生貨幣）支付，而這些代幣則用來酬謝提供運算資源的社群成員。任何人都可以不經核准隨意加入與退出社群，同時參與的程度也完全依照個人意願。

只要支付相應的代價，任何社群成員都可以向系統提出需求。整個社群必須對某需求的有效性達成共識，該需求才會被接受。有效性的評估可能會參考以下幾點：

>> 提出需求的成員是否有足夠代幣支付相應代價？

>> 社群的超級電腦現有的資源，是否足以完成需求的運算？

>> 該成員是否有權限提出這樣的要求？

所有的資訊（例如程式碼、交易資料與持有代幣數量等）被永遠記錄並開放給所有人，以達到資訊完全透明。為了維護這台電腦的資訊完整性，每一個社群成員各自持續更新系統的備份資料。

在以太坊宇宙中，那一台電腦就是以太坊虛擬機（EVM），那個沒有領導中心的社群就是由任何（你沒看錯，任何）想參與的人的電腦所組成的網路，其中的每一台電腦（或稱節點）都儲存著EVM的最新備份副本。成員還可以額外選擇參與挖礦機（mining node）成為礦工（miner），進行運算需求的有效性驗證、處理與執行（也可稱為驗算）並獲得相應報酬。以太坊軟體本身開放原始碼且免費，不過所需的硬

體設備與電費就要自行負擔了。

要啟動一個運算需求（稱為「交易」），你需要一個能收取、儲存與支付以太幣（以太坊的原生虛擬貨幣）的帳戶，這個帳戶同時也可以部署智能合約或與其他已部署的智能合約互動。以太坊正式將這類帳戶稱為外部帳戶（externally owned account，按：類似我們平常說的一般使用者帳戶）。當你聽到有人提到帳戶時，大多時候是指外部帳戶。

我們會在第七章詳細說明帳戶種類、建立帳戶以及帳戶管理的相關事項。

 所有以太坊虛擬機上的交易都必須用以太幣支付，交易可以包含：

>> 將以太幣從帳戶A轉到帳戶B

>> 在EVM上儲存資料

>> 操控現存資料

當一筆交易經網路共識驗證有效並且執行後，這筆EVM上的最新交易就會被廣播並複製到所有網路上的節點。所有的交易歷程都被安全地存放於以區塊鏈技術建構的分散式帳本中，任何人都可以取得。

你可以依下列步驟，看到以太坊區塊鏈誕生以來所有EVM上的交易

資料，藉此了解開放式帳本在現實中如何運作：

1. **前往** `https://etherscan.io`。

2. **如圖6-1所示，從「區塊鏈」(Blockchain)下拉選單選擇「瀏覽交易」（View Txns）。**

   EVM 開天闢地以來所有的交易資料都在此列出，攤在全世界眼前。

    畫面所見的「Txns」是以太坊上表示「交易」（transactions）的奇特方式。

圖 6-1
在以太坊區塊鏈上瀏覽
交易資料

以太幣：用來支付處理交易的礦工費

在以太坊的世界裡，在EVM上處理交易所需要的運算量，其計量單位皆以「gas」表示（按：直譯可稱為燃料或瓦斯，但一般都直接以gas稱呼）。

當你向以太坊網路提交一筆交易，你需要指定兩項費用相關的參數：

>> **燃料價格（gas price）**：你願意為交易所耗用的每單位gas所支付的以太幣金額。燃料價格越高，你的交易對進行驗算的礦工而言就越具有吸引力。

>> **燃料上限（gas limit）**：你願意為執行交易花費的最大數量gas單位，較高的燃料上限能夠確保足夠的運算量來完成你的交易。

一般來說，交易的速度及是否成功執行，端看你指定的燃料價格與上限而定。

 根據所使用的錢包及其設定，你可能會發現燃料價格以「gwei」表示。（1,000,000 gwei = 1 ETH。）

交易流程

為了幫助你更清楚了解交易成功執行的可能性與花費，以下將說明從你的帳戶開始一筆交易後所發生的事情：

1. 你的交易會被指派一個獨特的代碼，稱為交易雜湊（transaction hash，網路資料多稱為交易哈希或直接稱交易 hash，簡寫為 TxnHash、TxHash 或 TXID。）作為說明，交易雜湊長這樣：

   `0x7b91d4f49ccafdb93f2ca89fd57649301331bd691cfe264`
   `78822afb468ac958`

2. 你的交易被廣播到以太坊網路上的各個節點。

3. 如果驗證有效，交易會被加入一池子的其他未完成交易等待執行。

這個池子（如圖 6-2）稱為記憶體池（mempool），要檢視未完成交易的細部資料，請點擊「TxnHash」（如圖 6-3）。

4. 挖礦機自池中選擇未完成交易，形成尚未確認的交易區塊（block）。基於我們稍後會討論的原因，礦工通常傾向選擇高燃料價格的未完成交易。

5. 為了取得在以太坊區塊鏈上確認並新增區塊的權利，礦工們需要互相競速求得一個複雜方程式的解（即解謎或挖礦），進行解謎來取得「工作量證明」（proof-of-work, PoW 或稱算力挖礦）需佔用電腦大量的運算能力。

圖 6-2
在記憶體池中的待確認
交易

6. 當方程式成功被解開，勝出的礦工將得到該區塊做為獎勵，並將區塊向整個網路廣播。該區塊中的交易將被執行（在未達各自的燃料上限的前提下），然後一場新的挖礦競賽再度展開。

如圖 6-4 顯示，稍早的未完成交易已有相應的區塊號碼並已成功確認完成。這筆交易現在已永久成為以太坊區塊鏈的一部分。

⑦ Transaction Hash:	0x7b91d4f49ccafdb93f2ca89fd57649301331bd691cfe26478822afb468ac9589
⑦ Status:	◎ Pending
⑦ Block:	(Pending)
⑦ Time Last Seen:	⏱ 00 days 00 hr 00 min 07 secs ago (Jun-01-2021 06:50:54 AM)
⑦ Estimated Confirmation Duration:	< 9 mins | 🐢 Gas Tracker
⑦ Pending Txn Queue: 🆕	0% ▬▬▬▬▬▬▬▬▬▬ 100%
⑦ From:	0x3bb63a4942d9c11498a18151264dde905806288b
⑦ Interacted With (To):	Contract 0xdac17f958d2ee523a2206206994597c13d831ec7 (Tether: USDT Stablecoin)
⑦ Token Transfer:	▸ Pending Transfer to → 0xccbe19c71671410888... For 64 ⑨ ERC-20 (Tether USD Token)
⑦ Value:	0 Ether ($0.00)
⑦ Max Txn Cost/Fee:	0.00136000011672 Ether ($3.61)
⑦ Gas Price:	0.000000017000001459 Ether (17.000001459 Gwei)

圖 6-3
等待確認與執行的未完成交易

總括來說，你的交易要成功完成需要滿足以下條件：

》 交易必須有效：例如你必須有足夠的資金與權限執行交易。

圖 6-4
圖 6-3 中的未完成交易
確認完成

»» 交易必須被確認並加入執行排程：你的交易必須被勝出的挖礦機選中，才能被確認並新增到以太坊區塊鏈的新區塊上。

»» 交易的總運算量不超過燃料上限：身為交易的提出者，燃料上限是由你指定的。

工人的報酬：礦工究竟得到什麼好處？

每當新增一個區塊，勝出的礦工便得到區塊獎勵，分為兩部份：

»» 固定金額：本書撰寫時，這個固定的部份是2 ETH。

»» 個別費用：是這個區塊中的每筆交易所衍生的費用。

舉例來說，區塊#12546760的礦工得到約2.32175 ETH的報酬（圖6-5）。這個區塊獎勵可以這樣拆解：

»» 2 ETH：區塊獎勵的固定金額。

>> 0.32175 ETH：本區塊所選到的236筆交易的個別費用總和。

礦工們須耗費大量運算資源進行挖礦，可想而知在既定的工作量下，他們會想要將潛在報酬最大化。他們當下要確認的區塊，其大小或內容並不會影響挖礦的困難程度。因此，在選擇交易時，礦工們普遍傾向：

>> 在符合以太坊賦予區塊的燃料上限內，將交易筆數最大化。

>> 選擇單位燃料價格最高的交易。

反過來說，你也可以站在礦工的角度，利用上述邏輯思考提交交易時如何定價。

⑦ Block Height:	**12546760** ‹ ›
⑦ Timestamp:	⏱ 15 mins ago (Jun-01-2021 05:38:15 AM +UTC)
⑦ Transactions:	236 transactions and 34 contract internal transactions in this block
⑦ Mined by:	0x52bc44d5378309ee2abf1539bf71de1b7d7be3b5 (**Nanopool**) in 4 secs
⑦ Block Reward:	2.321750465869280353 Ether (2 + 0.321750465869280353)
⑦ Uncles Reward:	0
⑦ Difficulty:	7,575,898,402,191,356
⑦ Total Difficulty:	25,572,659,330,806,195,893,138
⑦ Size:	70,763 bytes
⑦ Gas Used:	14,976,460 (99.94%)
⑦ Gas Limit:	14,985,259
⑦ Extra Data:	nanopool.org (Hex:0x6e616e6f706f6f6c2e6f7267)

圖 6-5
區塊 #12546760 的詮釋
資料

根據交易尖峰與離峰，訂定合理的礦工費

當礦工們在選擇下個區塊要處理的交易時，燃料價格越高者就顯得越有吸引力。如圖6-6所示，制定較高的燃料價格能夠縮短你的交易從被選擇、確認到執行所預計花費的時間。

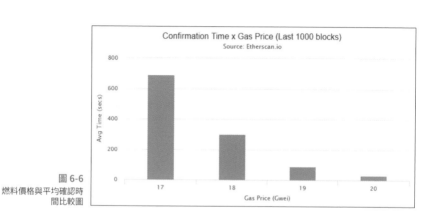

圖 6-6
燃料價格與平均確認時間比較圖

究竟應該如何開價？

畢竟如果你並不趕時間，你可能寧願選擇較長的等待時間以換取較低廉的費用。反之，在絕望的時刻，你可能二話不說就在死亡谷（位於美國加州的沙漠谷地）掏出100美元買一瓶礦泉水，然後在聽說另一個沒那麼渴的客人殺價到50美元後感到後悔。

問題就在於，礦工們巴不得燃料價格越高越好，當較高的手續費自動送上門時他們可是樂於照單全收的。他們絕對不會告訴你，即使價格

調降一些他們也願意選擇你的交易,更別說把差價退還給你了。所以根據你的急迫程度,你到底應該承諾支付多少錢呢?

另外,隨著網路的尖峰與離峰時間,這個價碼又該怎樣調整呢?

 許多服務平台,包含我們在第二章與第四章提到的MetaMask,都有提供佛心指引供參考,堪稱新手福音。新手用戶只需要依需求選擇「緩慢」、「標準」或「快速」選項,系統就會根據內部演算法的結果,自動幫你填入交易的燃料價格。更進階的老手,可以選擇收集近期被確認的區塊資訊,根據自己的分析預測,訂定客製化的燃料價格。

你可以去名為ETH Gas Station(https://ethgasstation.info)的網站看看,在這裡你可以迅速又有趣地監控一天中的建議燃料價格。圖6-7顯示的是每10分鐘捕捉的建議燃料價格。

如圖6-8所示,Etherscan瀏覽器也有自己的以太坊Gas追蹤器,你可以前往https://etherscan.io/gastracker使用。

預算控管:礦工費真的可以突破天際?

儘管交易的燃料價格會影響執行速度,燃料上限才是決定交易是否會被執行的根本因素。也就是說,經費不足的交易終究無法完成執行。

圖 6-7
不同時間點 ETH Gas
Station 建議的燃料價格
截圖

圖 6-8
Etherscan 的以太坊
Gas 追蹤器

因為交易是否分配到足夠的gas非常重要，你可能會很自然地產生以下的疑問：

> **直接把燃料上限訂得很高不就好了嗎？這有什麼問題？**

> **可以事先算出需要多少gas來訂定適當的燃料上限嗎？**

回應第一個疑問：基於各種原因，你無法單單仰賴一個很高的燃料上限來解決問題。可行性是其中很大的一個因素，因為：

» 交易的燃料上限受制於你帳戶內的以太幣數量：要提交交易，你的帳戶餘額必須高於交易的燃料價格乘以燃料上限所得出的金額。

» 交易的燃料上限同時受制於現行區塊的燃料限制：如果燃料上限超過現行區塊燃料限制，你的交易將無法列入區塊中。

同時，礦工也比較不會去選擇燃料上限奇高的交易：

» 區塊燃料限制侷限了礦工為單一區塊所能選擇的交易筆數。

» 礦工的報酬僅限於執行交易實際用到的gas：每筆交易分配到但未使用的gas將被退還至起始帳戶。

» 明顯膨脹燃料上限的交易，對礦工來說沒有誘因：理由是這樣的交易佔用了寶貴的區塊空間卻無法提供相應的報酬。

TIP

至於第二個疑問，針對某些特定的交易，你的確可以事先計算需要多少單位的gas來訂定合理的燃料上限。進行性質單純的交易，例如從A帳戶轉以太幣到B帳戶，所需要的總gas量不用等執行就已經非常明確。試想一筆需要21,000單位gas的轉帳，在這種情況下你不用為了燃料上限糾結，直接把它設成21,000就可以了。

然而，執行比較複雜的交易所需的總運算量通常難以事先衡量，需要等待交易完成才能確定。交易有可能因為某些缺陷，在執行過程中產生迴圈而增加耗用的gas，或是有其他意料之外的複雜內容。

 當提交牽涉複雜內容的交易（例如參與首次代幣發行 initial coin offering, ICO）時，你最好的做法是參考發行者所提供的指引。如果使用者會呼叫你所編寫的複雜函式，你最好的做法是提供使用者燃料上限設定指南。

我們會在第九章與第十一章更深入探討gas用量，也會加入實例與各種撇步，教你如何在以太坊上編寫你自己的NFT。

手續費

當你的交易通過確認與執行，交易所使用的實際gas量乘以你訂定的燃料價格，就是這筆交易的手續費（以ETH計價）。

 在交易執行過程中，如果交易的運算複雜程度超過了燃料上限，你的交易就無法成功完成。即使如此，因為嘗試執行交易仍然耗用了EVM的運算資源，你還是需要支付等同於燃料上限乘以燃料價格的手續費。

接下來我們會假設兩種情境，一筆成功執行的交易以及一筆gas不足導致無法完成的交易，來展示實務上手續費的運作。

情境 1：交易成功執行

以下是交易提交時的設定：

>> **燃料價格：**0.000000018 ETH

>> **燃料上限：**437,603

交易完成後，實際使用的gas為307,804單位，少於燃料上限的437,603單位。如圖6-9所示，交易成功執行並產生以下的手續費為：

307,804（使用的gas）×0.000000018 ETH（燃料價格）=
0.005540472 ETH

因為這筆交易並未達到燃料上限的門檻就已完成，剩餘的資金會被退還到起始帳戶。事件發生的順序說明如下：

⑦ Transaction Hash:	0x73ee7c2f4a07dfc1e0cccb1bb2b95a79de4d0873187fc8f33d7569c5a98df5fx. ⬡
⑦ Status:	⬡ Success
⑦ Block:	12545899 3 Block Confirmations
⑦ Timestamp:	⏱ 33 secs ago (Jun-01-2021 02:21:41 AM +UTC)	⏱ Confirmed within 59 secs.
⑦ From:	0x7b42c7b6ff2ab456e4ba16b0f47885a04c755a4f ⬡
⑦ Interacted With (To):	⬡ Contract 0x7a250d5630b4cf539739df2c5dacb4c659f2488d (Uniswap V2: Router 2) ✅ ⬡
	↳ TRANSFER 0.38123827730549736 Ether From Wrapped Ether To → Uniswap V2: Rou...
	↳ TRANSFER 0.38123827730549736 Ether From Uniswap V2: Rou... To → 0x7b42c7b6ff2ab456e4ba16b0f...
⑦ Transaction Action:	▸ Remove 277,707,522.161 8641994 ⬡ KISHU And 0.38123827730549736 Ether Liquidity From ⬡ Uniswap
⑦ Tokens Transferred: ❻	▸ From 0x7b42c7b6ff2ab4... To Uniswap V2: KISHU For 3.36866708955395517 ⬡ Uniswap V2 (UNI-V2)
	▸ From Uniswap V2: KISHU To 0x0000000000000... For 3.36866708955395517 ⬡ Uniswap V2 (UNI-V2)
	▸ From Uniswap V2: KISHU To Uniswap V2: Rout... For 272,153,371,718.626915412 ⬡ Kishu Inu (KISHU)
	▸ From Uniswap V2: KISHU To Uniswap V2: Rout... For 0.38123827730549736 ($1,001.36) ⬡ Wrapped Ether.. (WETH)
	▸ From Uniswap V2: Rout.. To 0x7b42c7b6ff2ab4... For 266,710,319.357 120703834 ⬡ Kishu Inu (KISHU)
⑦ Value:	0 Ether ($0.00)
⑦ Transaction Fee:	0.005540472 Ether ($14.55)
⑦ Gas Price:	0.000000018 Ether (18 Gwei)
⑦ Gas Limit:	437,603
⑦ Gas Used by Transaction:	307,804 (70.34%)
⑦ Nonce Position	46 163

圖 6-9
一筆成功的交易所耗用
的 gas 與產生的手續費

>> 一開始，從起始帳戶收取**0.007876854 ETH**（473,603〔燃料上限〕×
0.000000018 ETH〔燃料價格〕），這是用來支付執行這筆交易預期會耗
用的運算資源。

>> 根據交易實際耗用的gas，礦工收取**0.005540472 ETH**的手續費。

>> 未使用的0.007876854 - 0.005540472 = **0.002336382 ETH**被退還至
起始帳戶。

>> 因為交易成功執行，EVM被更新並廣播給網路上的所有節點。

情境 2：gas 不足導致交易無法完成

以下是交易提交時的設定：

>> **燃料價格**：0.000025 ETH

>> **燃料上限**：25,000

在這個情境中，當交易執行到一半時，礦工發現交易的運算複雜程度
高過燃料上限的25,000，導致這筆交易沒有足夠的gas（圖6-10）。這
筆交易將不會被執行，但產生的手續費為：

25,000（使用的gas）× 0.000025 ETH（燃料價格）= 0.625 ETH

雖然這筆交易未能成功執行，因為礦工已經提供了運算服務，所以仍
然會得到報酬：

圖 6-10
一筆不成功交易所耗用
的 gas 與產生的手續費

» 一開始,從起始帳戶收取**0.625 ETH**(25,000〔燃料上限〕× 0.000025 ETH〔燃料價格〕)。

» 根據礦工嘗試但未能成功執行交易所耗用的運算資源,礦工收取**0.625 ETH**的手續費。

» 因為交易未能成功執行,EVM維持嘗試執行交易前的狀態。

» 沒有任何剩餘資金可退還至起始帳戶。

白白花了0.625 ETH卻沒有任何成果,這實在是太可惜、太不划算了吧!?

 REMEMBER
你支付的手續費金額,最多不會超過燃料價格乘上你訂定的燃料上限。如果你的交易以較低價位得到執行,剩餘的金額(燃料價格乘上未使用的gas)將被退還至你的帳戶。

區塊鏈：
確保所有資料安全存放的地方

EVM上所有經確認的交易都永久記錄在以太坊區塊鏈上，這個建構在區塊鏈上的分散式帳本是一個共享的公有資料庫，並且在許多的節點上達成同步。任一節點都可以取用帳本裡的資訊，而任何更新都近乎同時同步至所有的節點。區塊鏈是一個紀錄保存系統，將資料整理成按時間順序排列的區塊。換句話說，交易紀錄被匯集成定期確認的區塊，並加到現存的區塊鏈上。

每一個區塊都包含前一個區塊資料的雜湊，形成緊密連結的區塊鏈。談到區塊時，經常用到區塊高度（block height）來代表某區塊在區塊鏈中的位置，意即有多少區塊排序在他前面。第一個區塊「創世區塊」（genesis block）被稱為「區塊0」。

每一個新形成的區塊都需要通過網路共識，才能加入已確認區塊的行列，構成持續成長的區塊鏈。礦工們總是拼盡全力地以最快速度進行解謎，以取得將區塊加到區塊鏈上的權利。解謎所得到的答案稱為工作量證明，很難計算求得但非常易於確認。舉例來說，要猜出某人的手機號碼是一項艱鉅的任務，但只要拿到答案，你很容易就能確認你是否答對了。

當礦工成功解謎，就會得到該區塊作為獎勵並將結果廣播給其他網路

成員。同時，區塊鏈將會更新，而下一場挖礦競賽再度展開。

防止竄改的機制：Ethash 演算法與工作量證明

以太坊與比特幣屬於公有鏈（public blockchain），需要一套共識機制來確保系統的

> **》 容錯性**：即便有故障、損壞或惡意節點，系統仍能繼續運作。

> **》 安全性**：即使有一群不誠實的節點，網路成員集體確認與達成共識的機制應確保交易紀錄不被惡意竄改。

保障以太坊區塊鏈的共識機制建立在名為Ethash的工作量證明演算法上，系統開發者們也正試圖將現行的「工作量證明」共識機制改為「權益證明」（proof-of-stake，PoS或稱持幣挖礦）共識機制。由於必須先解開又長又難的問題，才能取得工作量證明以確認與執行交易，所以已完成區塊裡的資料很難更動。如果真的要竄改，不誠實的節點必須花費大把力氣使用修改過的資料進行新的解謎。

因為採用工作量證明的系統在運算上本就極為繁瑣，安全協定（security protocol）仰賴工作量證明的加密貨幣近來在能源與環保議題上遭受越來越多的抨擊，導致許多公司（圖6-11）甚至國家（圖6-12）對加密貨幣支付與挖礦的態度開始出現轉變。

另一種採用權益證明的共識機制應運而生並且越發受到歡迎。與工作量證明不同，權益證明要求你必須有足夠的權益才能在系統中確認交

易，權益的衡量因素包含帳戶餘額或是帳戶年資（按：你可以想成誰的加密貨幣／股票多，誰就能得到更多獎勵／股利的概念。）

圖 6-11
馬斯克在推特上針對挖礦的永續性議題提出質疑

CRYPTOCURRENCY

Major bitcoin mining region in China sets tough penalties for cryptocurrency activities

PUBLISHED TUE, MAY 25 2021·11:12 PM EDT | UPDATED WED, MAY 26 2021·10:56 AM EDT

Arjun Kharpal
@ARJUNKHARPAL

CRYPTOCURRENCY

Iran bans bitcoin mining as its cities suffer blackouts and power shortages

PUBLISHED WED, MAY 26 2021·2:27 PM EDT | UPDATED WED, MAY 26 2021·2:39 PM EDT

Natasha Turak
@NATASHATURAK

SHARE

圖 6-12
裁罰挖礦行為的新聞報導

多年來，以太圈都引頸期盼以太坊2.0的到來，將現行的工作量證明機

制改為權益證明機制。儘管大環境充斥著近期可能推出以太坊2.0的臆測，本書撰寫時，工作量證明機制仍是現行主流。

分秒必爭——礦工與隨機數

礦工的工作量由區塊頭（block header）裡面的隨機數（block nonce，nonce是「number once」的簡寫）證明，區塊頭裡含有每一個經確認區塊的重要資訊。

「隨機數」這個古怪的名稱代表一個需要大量反覆測試才能求得的數字，礦工會在過程中持續嘗試直到他們找到那一個真命天數，也就是隨機數。隨機數與區塊的其他重要元素合在一起，可以滿足Ethash協定下的數學條件。由此可見，要找到隨機數很困難，但當答案公布後就很容易驗證。

要滿足的數學條件會根據現有區塊的難度做滾動式調整，區塊難度則會依照前一個區塊的難度與近期區塊生成速度進行動態調整。新的難度可能會高於或低於前一個區塊的難度，以確保區塊生成的速度不會隨著礦工的進出而長期太快或太慢。

不要把區塊的隨機數（block nonce）與交易數（transaction nonce）混淆了，「交易數」指的是某筆交易在一個既定帳戶送出的所有交易中，按時間順序排列下來的相對位置。

究竟要確認幾次才算交易完成？

最近期產生的區塊最容易遭到攻擊，因為它後面還沒有其他的區塊接續，表示沒有必要針對複雜的難題進行解謎。

一群惡意節點可以組織串通過半的挖礦效能，發動所謂的51％攻擊（51% attack）。他們最終的目的是將一筆錢重複使用，也就是所謂的雙重支付（double-spending）。這一群惡意礦工可能會採用以下的策略：

1. 提交將以太幣匯到加密貨幣交易所帳戶的交易。
2. 在區塊確認與執行交易後，立即將以太幣轉換成美金並進行提領。
3. 同時，反向執行步驟1的交易。利用群體的挖礦效能，可以快速解謎取得工作量證明，而這個區塊的資料已經遭到更動。
4. 重複動作。

然而，即使擁有足夠的挖礦效能可以重新解謎並更改最新區塊的內容，這群礦工依然面臨必須能夠迅速地重新解謎並更改50個區塊的資料的壓力，才能覆蓋先前確認這些區塊的網路共識。

為了對抗這樣的攻擊，供應商與錢包服務平台通常會於交易確認後，再等待數個區塊產生，才視同交易確認完成。至於要等待幾次才能在你的帳戶收到資金，則因加密貨幣的種類以及供應商與錢包服務平台而異。

圖6-13顯示在Kraken（一個美國主要的加密貨幣交易所）上特定加密貨幣交易必須經過的確認次數與預計等待時間。Kraken現在要求以太坊上的交易必須有20個區塊深（即經過20次確認），才會放行資金供交易或提領使用。比較起來，Coinbase要求35次確認，而Gemini只需要12次。

Kraken's confirmations requirements

Cryptocurrency	Confirmations Required	Estimated Time* If included in the next block.
Bitcoin (BTC)	4 confirmations	EST 40 minutes Dependent on Fee
Bitcoin Cash (BCH)	15 confirmations	2.5 hours (150 minutes)
Cardano (ADA)	15 confirmations	10 minutes
Chainlink (LINK)	20 confirmations	5 minutes
Ethereum (ETH)	20 confirmations	5 minutes
Ethereum Classic (ETC)	40,000 confirmations	6.5 days

圖 6-13
Kraken 所要求的確認次數與預計等待時間

叔叔與孤兒

由於廣大網路上無數的挖礦節點同時在爭取新區塊的權利，你終會碰到同時或近乎同時解出工作量證明的情形。這時候，網路上可以看到

兩個新區塊在同個區塊高度（也稱為區塊編號，block number）產生，造成區塊鏈暫時性的分叉。更精確地說，當呈現兩兩對決的區塊被廣播給網路成員時，其中一個會先抵達某些節點，而另一個會先抵達另外的節點。有那短暫的片刻，各節點上的區塊鏈版本並不相同。

隨著下一場競速解謎開始而後續的區塊被確認與加入區塊鏈，會有一條鏈開始佔上風，網路終究會接受完成工作量較大的鏈（通常是比較長的那一條）。這兩條競爭的鏈中只有一條能繼續受到網路成員的確認，而另一條會變成陳舊區塊（stale block）。

這個情況下被淘汰的區塊在以太圈被稱為「叔塊」（uncle block，性別中立的說法則稱為ommer block）（圖6-14）。在比特幣宇宙中，這樣的區塊稱為孤塊（orphan block）。

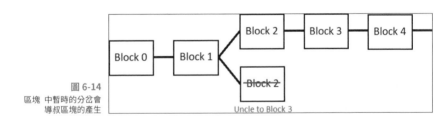

圖 6-14
區塊 中暫時的分岔會
導叔區塊的產生

更新底層協定的硬分叉

在以太坊這樣的分散式自治組織中，成員可以隨意進出與參與，因此任何人都可以進行以下的行為：

>> 瀏覽交易的完整歷史

>> 保留EVM的狀態複本

>> 成為確認交易與增加區塊到鏈上的礦工

另外，以太坊的使用者們會負責補丁包與底層網路協定（network protocol）的更新。任何社群成員都可以藉由提交以太坊改進提案（Ethereum improvement proposal, EIP）對底層協定提出更新建議，最終會由一群對協定開發投入最多的貢獻者（稱為以太坊核心開發者，Ethereum core developers）共同決定落實哪些EIP。

要進行重大的更動，需要使底層的共識協定產生「分叉」（fork），迫使區塊鏈產生永久性的分割。這麼一來，所有在分叉出來的鏈上產生的後續區塊都必須依循新的共識協定。以太坊區塊鏈上的硬分叉（hard fork）通常不會造就新的（同質性）代幣，因為以太圈大多跟隨核心開發者的腳步。也因此，仍使用舊協定的分支通常會因乏人問津而自然淘汰。

以太圈的分叉通常都很平和地完成，最受注目與爭議的例外是2016年在以太坊區塊鏈上的硬分叉。這一次分叉造成以太圈的大震盪，並產生了兩個不同的代幣：ETH與ETC（Ethereum Classic，以太經典）。

以太坊大內戰

The DAO是以太坊上發起的去中心化資產管理／群眾集資項目。2016年中，因為軟體安全上的漏洞，導致價值約5,000萬美元的以太幣遭駭客竊走。隨著前所未有的事態變化，以太圈決定進行硬分叉，創造一條分支區塊鏈並將紀錄回歸到DAO遭駭前的時間點。

儘管以太圈大部分的成員都接受了紀錄遭到更改的分支區塊鏈，仍有相當數量的少數成員強烈反對這個做法。最終，紀錄未遭更改的原始區塊鏈被指派了另一個同質化代幣「ETC」。

以太經典直到今天仍然存在，只是跟隨者與價值比起ETH相差非常多。ETC區塊鏈經歷過多次雙重支付的攻擊，也因此加密貨幣交易所在放行ETC資金前，會要求更多的確認次數，例如Kraken對ETC的要求是4萬次確認，而對ETH只要20次即可。

推動以太坊的智能合約

智能合約是一種EVM上的軟體程式，部署後會位於一個有專屬位址的特別合約帳戶內。部署智能合約這個動作本身也是一筆交易，需要用到gas。我們在第二章時介紹過智能合約，也會在第九章教你如何編寫與部署自己的智能合約。

部署好智能合約後，在被交易觸發前會保持沉默。許多以太坊區塊鏈上的交易都會呼叫智能合約中的函式，該函式可能又會去呼叫其他智能合約中的函式（圖6-15）。這邊所稱的「函式」（function）指的是用來達成特定目的的獨立程式碼，「呼叫」（call）則引用位於他處（在此

指其他智能合約中）的函式。

⑦ Transaction Hash:	0x03b8024f59407cb43253cb7e531eb068215a0c3b0375966550ec8499f1e588f2
⑦ Status:	⊘ Success
⑦ Block:	12553298 3 Block Confirmations
⑦ Timestamp:	⏱ 54 secs ago (Jun-02-2021 06:05:24 AM +UTC)
⑦ From:	0xf8859a9f815d01a6e9c03e879d9a65dff0a741eb
⑦ Interacted With (To):	⧉ Contract 0x00000000b7ca7e12dcc72290d1fe47b2ef14c607 ⊘
	└ TRANSFER 0.016926950681072237 Ether From 0x9000000b7ca7e12dcc72290... To → Spark P...
	└ SELF DESTRUCT Contract 0x7d557037758038a7aeb1cfcd...
	└ SELF DESTRUCT Contract 0xdd4ed687cbb02a548b38eac...
⑦ Transaction Action:	▸ Swap 580,779.020233654895516476 ■ TIDAL For 3,903.975206 ● USDC On ⇄ Uniswap

圖 6-15
交易範例：呼叫智能合約中的函式

當智能合約被呼叫時，會自動依內建的規則執行。透過EVM，一個規劃完善的智能合約會在確認指定情況達成時，啟動相應的後續運算或資料更新。而這一切的發生，都不必經過一個受信任中間人！

 WARNING　跟處理來自未知或不受信任來源的應用程式一樣，在以太坊上接觸智能合約程式時記得小心注意。

智能合約部署流程

假設你想部署一個智能合約來替一檔新基金募集以太幣，例如位於舊金山的創投公司Blockchain Capital在以太坊上部署的智能合約，透過BCAP代幣（首個代幣化的創投基金）發行募得了1,000萬美元。以下是交易的流程：

1. 提交寫好的程式碼，並設定執行的燃料價格與燃料上限。

2. 當交易被確認並執行，你的合約帳戶便會被建立，並且被給予一個

位址。

3. 不久後，有一位潛在投資人提交交易，想要呼叫你的智能合約中的存儲（deposit）函式。

4. 一旦礦工選擇這筆交易並確認區塊，交易便開始執行並且呼叫。

5. 存儲函式接著呼叫另一個內部函式，以確認潛在投資人是否滿足基金投資者的條件（例如，最低存儲 ETH 金額或最低帳戶年資）。

6. 如果以上條件都符合，存儲函式就會接受存入的以太幣。

7. 假設投資人指派了足夠的燃料上限，交易便完成執行，EVM 的狀態也會更新。

大功告成！你成功部署了一個可以替你的基金自動又安全地進行募資的應用程式，而且既去中心化又自主。

第九章中，我們會逐步指引你如何編寫、編譯與部署你的以太坊智能合約。

令人興奮的可能性

區塊鏈上最近越來越潮的，當屬在區塊鏈上執行的應用程式，或稱分散式／去中心化應用程式（decentralized application, dApp）。它的魅力一方面來自人們想要去除中間人來使金融更民主化，另一方面則是因為加密貨幣的流行及其一飛衝天的價格。如果你把以太坊想成一個去中心化的網路（許多人稱之為Web3或Web3.0），那麼dApp就是這個系統裡面的去中心化網站了。

EVM上有許多的dApp，能夠滿足許多不同的用途。舉例來說，智能合約可以做到以下的任何事情（這並不是指單一個智能合約就能做到以下的所有事情就是了……）：

>> 執行首次代幣發行

>> 產生並支援同質化代幣（也就是加密貨幣）

>> 創建與買賣非同質化收藏品（也就是NFT）

>> 提供去中心化的社群媒體

>> 處理去中心化的交易

>> 主辦去中心化的博彩市場

明顯的局限

EVM是一個封閉系統，意思就是說，以太坊上的一切都是完全獨立自主的，這可以確保EVM真實狀態的共識機制不受威脅。從最原始的區塊到最近期的區塊，每一個以太坊網路上的節點都必須能夠很直接地執行所有經確認的交易，並對EVM在每個區塊的狀態都達成同樣的結論，例如活躍帳戶、帳戶餘額、活躍智能合約、儲存的資料等等。

仰賴系統外部的資訊可能會讓智能合約出現一些小差錯導致短路，而無法順利完成預定的工作。假設智能合約的下一步不是取決於帳戶的以太幣餘額，而是帳戶的以太幣換算成美元的價值時，由於美元對以

太幣的匯率資訊位於區塊鏈系統以外，要取得這項資料所隱含的不確定性，就已經違反智能合約執行指令的規則。查詢資料的時間不同，可能就會影響到交易的執行結果。

| REMEMBER | 說到底，智能合約可以呼叫的其他函式，範圍僅止於合約內部或是EVM上的其他智能合約。他們不能用http請求傳遞資訊（像我們平常上網取得資料那樣），也不能與不在區塊鏈上的外部應用程式介面（API）互動。以上都可能造成網路成員間無法達成共識。

預言機：連結區塊鏈與外部世界

假設你想要在EVM上開發一個博彩APP，遊戲規則是若www.weather.com的資料顯示舊金山的氣溫在2025年1月1日當天的任何時間超過37℃，系統就會自動將以太幣匯到特定帳戶。因為智能合約無法從以太坊區塊鏈以外的來源取得資料，你需要一個巧妙的方法將鏈外資料自動又正確地提供給你的智能合約。現在讓我們鄭重為你介紹——預言機（Oracle）。

預言機能夠將最新、最即時的資料有系統地派送到EVM，針對上述天氣博彩的範例，你可以開發另一個鏈外APP進行以下動作：

1. 從 2025 年 1 月 1 日 12:00:00 A.M. 起 向 www.weather.com 提交 http 請求。

2. 如果舊金山的氣溫超過 37℃，讓你的鏈外 APP 對以太坊網路提交交易，要求將這筆資料傳送到鏈上博彩 APP 的智能合約位址。

3. 一旦交易成功確認並執行，超過 37℃的氣溫就會觸發鏈上博彩 APP，啟動後續將以太幣匯到特定帳戶的動作。

 預言機的可靠性與安全性端看資料來源與程式邏輯而定。隨著複雜的區塊鏈APP越來越多，對預言機的需求也逐漸增加。預言機提供取得鏈外資料與運算數據的基礎，如以下範例所示：

>> **區塊鏈遊戲裡亂數的產生**：《謎戀貓》是第一個廣泛被使用的區塊鏈遊戲，不過現在你可以找到很多其他的遊戲（《謎戀貓》在第二章中有詳細介紹）。

>> **博彩或DeFi APP的價格來源**：DeFi代表去中心化金融，是在公開、去中心化的區塊鏈網路上提供金融服務的系統。

>> **其他公有鏈的消息來源**：其他還有如比特幣、萊特幣等公有鏈。

以下是幾個熱門的預言機：

>> **Chainlink** https://chain.link

>> **Provable** https://provable.xyz

>> **Witnet** https://witnet.io

以太坊懶人包

在這個段落，我們複習一下本章討論過且環環相扣的名詞與概念們：

概念說明

這些關鍵詞是關於以太坊資料庫中的必備基本款，任何有關以太坊或牽涉到加密貨幣的討論都經常提到這些用詞。

>> **以太坊虛擬機（Ethereum Virtual Machine, EVM）**：是一個分散式的運算平台，參與的節點儲存EVM狀態的最新副本。

>> **以太幣（Ether, ETH）**：以太坊的原生加密貨幣，所有EVM上的運算請求都需要足夠的以太幣才能執行。

>> **區塊鏈（Blockchain）**：一個交易紀錄被集結成按時間順序排列的區塊的紀錄保存系統。每個區塊都與前一個區塊以加密的方式連結在一起。

>> **分散式帳本（Distributed ledger）**：一個公有且共享的紀錄保存系統。任何人想參與都可以，不需要經過中央管理員核准。

>> **分散式自治組織（Decentralized autonomous organization, DAO）**：一個沒有領導者的自治組織，藉由連結規則與開放式智能合約維護共識機制。

區塊鏈基礎

討論以下的技術性觀念，可以展現你是加密貨幣的行家：

» **礦工／挖礦機（Miner／Mining node）:** 專門藉由解謎／挖礦取得工作量證明，來獲得驗證與處理交易請求作為獎勵的節點。

» **共識機制（consensus mechanism）:** 提供讓去中心化網路繼續運作的規範，確保成員對正確的資料達成共識，在面對不誠實的參與者時拒絕接受錯誤的資訊。

» **以太坊改進提案（Ethereum Improvement Proposal, EIP）:** 對管理以太坊的底層協定提出更新建議。

» **工作量證明（Proof of work, PoW）:** 要求參與者對冗長艱難的題目進行解謎，以取得確認並執行交易權利的安全協定。

» **權益證明（Proof of stake, PoS）:** 要求參與者證明其在系統中有足夠的權益，以取得確認並執行交易權利的安全協定。

» **區塊高度／區塊編號（Block height／block number）:** 指出某區塊在區塊鏈中的位置；更精確地說，排在其前面的區塊有多少個。最初的區塊（創世區塊）的編號是0。

» **區塊隨機數（Block nonce）:** 證明挖礦成功的礦工的工作量，滿足了以太坊以工作量證明為基底的共識協定所要求的數學條件，並給予礦工確認與將區塊增加到區塊鏈上的權利。

» **51%攻擊:** 指當一群串通好的礦工，集結整個網路過半的效能，試圖鑽系統漏洞圖利自己。

» **叔塊（Uncle block，另一個性別中性的名稱為ommer block）:** 指陳舊區塊，就是與有效區塊同時挖礦完成，但以太鏈在有效區塊的鏈上繼續成長而逐漸荒廢的區塊。叔塊在比特幣區塊鏈上稱為孤塊（orphan）。

>> **硬分叉（Hard fork）**：意指牽涉到底層共識協定的重大變動，強迫區塊鏈產生永久性的分叉。以太坊區塊鏈上的硬分叉通常不會造成新代幣的產生。

礦工費基本概念

這個段落所包含的字詞傳統上可能並不有趣，但知道這些詞彙如何影響交易的執行速度及成功與否，是表示你夠in的必備知識：

>> **交易（Transaction）**：代表EVM上的運算請求。

>> **交易雜湊（TxnHash）**：指派給每一筆交易的獨特代碼。

>> **燃料價格（Gas price）**：表示使用者針對交易所耗用的gas，每單位願意支付的以太幣。

>> **燃料上限（Gas limit）**：表示使用者為了完整執行交易所願意接受的gas耗用上限。

>> **手續費（Transaction fee）**：執行交易實際耗用的gas×該交易的燃料價格。

以太坊有趣之處

如果能夠與人暢聊以下主題，會讓你們的以太坊相關討論更有火花：

>> **智能合約（Smart contract）**：由資料與程式組成，在被呼叫時自動執行具確定性的規則。

» **分散式／去中心化應用程式（Decentralized application, dApps）：**在 EVM上跑的應用程式。

» **預言機（Oracle）：**讓使用者可以將鏈外資訊接到EVM。

細節

» 理解主網（Mainnet）與測試網
（testnets）的差異

» 分辨錢包與帳戶

» 設定你的帳戶

第 **7** 章
建立以太坊帳戶

本章將帶你設定以太坊上的不同種類帳戶，並說明如何替每一個帳戶注入資金。因為這一章會涵蓋建立ERC-721 NFT的第一個重要步驟，建議你把整章都讀完，可以對我們使用的基本功能與過程中所做的選擇有更深的了解。然而，你真正需要細讀的是本章最後一個段落〈在MetaMask上準備你的帳戶〉，如果你趕時間，請放心直接跳到最後面也沒關係。

在一股腦進入本章的實際操作之前，記得你必須先下載並設定MetaMask錢包。你的帳戶裡也必須有一些以太幣，特別是如果你打算在以太坊網路上實際鑄造NFT。上述項目我們在第二章與第四章中有介紹。

認識外部帳戶

外部帳戶（externally owned account, EOA）是用來在以太坊網路上提交運算請求，可以接收、儲存與轉出以太幣（以太坊平台的原生加密貨幣）並與已部署的智能合約互動。用戶可以請求將資金從一個外部帳戶轉到另一個外部帳戶，或是呼叫其他以太坊虛擬機（EVM，詳見第六章）上的智能合約裡面的函式。

 外部帳戶通常直接稱為帳戶，我們在書中也遵循這個慣例。事實上我們在第二章與第四章裡，首次嘗試在以太坊上用MetaMask建立的帳戶就是所謂的外部帳戶。在這本書中，我們提到帳戶時指的就是外部帳戶。

以下幾點請牢記：

>> 你必須擁有帳戶，才能在以太坊網路上提交交易。

>> 帳戶可以透過啟動交易與智能合約或其他帳戶互動。

>> 帳戶間的交易僅限於以太幣轉帳。

>> 帳戶不等於錢包，錢包也不等於帳戶。

 MetaMask等錢包所提供的服務，是協助你管理你的以太坊帳戶。就像你可以用不同的電子郵件客戶端來存取傳送到你信箱地址的郵件，你也可以透過不同的錢包來使用帳戶。

創建帳戶非常簡單且免費，不需要花費以太幣，但帳戶裡必須要有資金才能提交交易。如同我們在第六章時討論的，提交交易不一定簡單而且絕對需要你掏出腰包。

建立帳戶的意義

有許多錢包服務可以替你創建帳戶。這些服務，包含MetaMask，純粹是產生金鑰對（key pair）：

> **私鑰（private key）：**私鑰用來存取帳戶中的資金，因此你在任何情況下都不應該分享你的私鑰。

> **對應的公開地址（public address）：**你可以與他人分享你的公開地址，如此一來你就可以從其他帳戶收取款項。

當然，不是說你一定要使用錢包服務來產生金鑰對。其實選擇私鑰非常簡單，只要在0到2^{256}（比1兆的6次方還大）之間隨意選擇一個數字即可。

因為可供選擇的私鑰如此地多，即使全地球80億人口各自創建1,000個帳戶，所產生的8兆個活躍帳戶仍然遠遠小於帳戶的總數上限。產生或猜中一個已經被使用的私鑰的可能性是很低的。

話雖如此，讓錢包服務幫你省去這些麻煩還是有好處的，尤其當數學不是你的拿手強項的時候。技術面上，你選擇的私鑰值必須大於0且小於FFFFFFFFFFFFFFFFFFFFFFFFFF

FFFFFFEBAAEDCE6AF48A03BBFD25E8CD0364141（比2^{256}小）。

私鑰以64位元十六進位（hexadecimal）字串表示，是每個位元由以下16個字元之一表示的十六進位系統：0、1、2、3、4、5、6、7、8、9、A、B、C、D、E、F。舉例來說：

>> 十六進位制的412，等於我們比較熟悉的十進位制的$(4×16^2)+(1×16^1)+(2×16^0)=1,042$

>> 十六進位制的F9C3，等於十進位制的$(15×16^3)+(9×16^2)+(12×16^1)+(3×16^0)=63,939$

 當你進行上述計算時，記得任何數字的0次方等於1。

當你隨機產生私鑰後，你需要透過橢圓曲線數位簽章演算法（Elliptic Curve Digital Signature Algorithm, ECDSA）產生一個對應的公鑰（public key），比特幣與以太坊都使用secp256k1 ECDSA演算法來產生公鑰。

隨後，你還需要將公鑰用keccak256雜湊函式處理，取十六進位制的最後40個位元（或最後20字節〔byte〕），並在前面加「0x」以得到你的公開地址。稍後的〈數位簽章〉段落會更詳細介紹驗證用的數學演算法。

私鑰與公鑰

私鑰是用來從你的帳戶提領資金，公開地址則讓你的帳戶能夠收到轉帳款項。理所當然地，若想從另一個新啟用錢包登入你的帳戶，你必須知道帳戶的私鑰。

要從MetaMask查詢帳戶的公鑰與私鑰，可以按下列步驟操作：

1. **登入 MetaMask。**

   你的帳戶名稱下面就是公開地址，如圖 7-1 所示。範例中的帳戶名稱是「NFTs For Dummies」，公開地址則為

   ```
   0xf77a3cE366E32645ffC78B9a88B7e90583646df
   ```

2. **點擊帳戶名稱以複製你的公開地址。**

   公開地址採十六進位制，共 42 位元長（或 40 個十六進位制位元加上開頭的「0x」）。

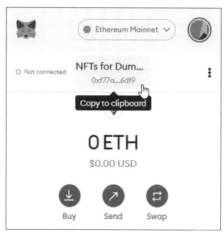

圖 7-1
MetaMask 上顯示的帳戶名稱與公開地址

3. 點擊帳戶名稱右邊的垂直刪節號圖案，從下拉選單選擇帳戶詳情（Account details），如圖 7-2 所示。

點擊後會出現帳戶詳情分頁，如圖 7-3 所示。

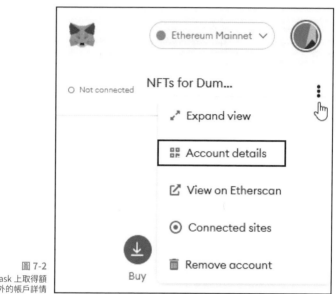

圖 7-2
在 MetaMask 上取得額
外的帳戶詳情

4. 點擊「匯出私鑰」（Export Private Key）。

5. 輸入你的 MetaMask 錢包密碼後點擊「確認」（Confirm），如圖 7-4 所示。

6. 點擊即可複製帳戶的私鑰。

NFTs For Dummies 帳戶的私鑰（圖 7-5），以 64 位元十六進位字串表示為

```
0bf71f18f67efa95140d5fe4c68afe06f9c9e475b0dde035d06a83d
8026f441c
```

圖 7-3
MetaMask 上的帳戶詳
情分頁

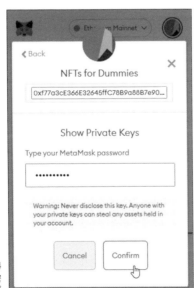

圖 7-4
MetaMask 要求輸入密
碼以取得帳戶私鑰

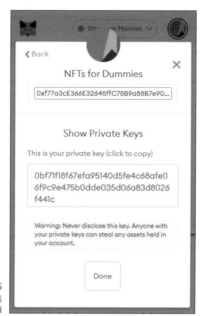

圖 7-5
MetaMask 上顯示的帳
戶私鑰

切記！不要像我們在上面所做的，將你的私鑰公告給全世界知道。

公鑰與私鑰整體會形成一個數位簽章（Digital signature），用來驗證交易。這個流程確保只有帳戶的合法持有人，可以從指定帳戶提交交易請求。

數位簽章

如何通過公鑰與私鑰的配對組合，來確保只有你可以使用帳戶裡面的以太幣呢？答案是透過數位簽章——一種驗證數位訊息或文件真實性

的數學演算法。我們在此提供一個數位簽章的運作範例，基本的要素如下：

>> 每個私鑰只有一個對應的公鑰。

>> 揭露公鑰不會提供關於私鑰的資訊。

>> 私鑰、公鑰與交易資訊組合成為簽章。

>> 這個簽章，連同你所提交的交易，將被廣播到整個網路。

>> 當礦工將公鑰與廣播的簽章配對後，就可以得到原始交易資訊。

 假設你的私鑰為$K_{priv}=\{7\}$（只有你知道），其對應的公鑰為$K_{pub}=\{3,\ 33\}$（與大家共享），而你想要從帳戶轉出16 ETH。

以下的步驟經過簡化，但可以用來說明數位簽章如何證明你是該帳戶的合法持有人：

1. **取 16（你想轉出的金額）的 7 次方（你的私鑰），再除以 33（公鑰的一部分）。**

   也就是說，$(16^7 \div 33)$ 的餘數為 25，即是本交易的數位簽章，可以在不揭露私鑰的狀況下證明你是帳戶的合法持有人。

2. **提交你的轉帳交易（16 ETH）與數位簽章（25）。**

   亦即對外廣播數字配對 {16,25} 供驗證。

3. **為了驗證你是該帳戶的合法持有人，礦工使用你的公鑰**

K$_{pub}$={3,33}，取 (25^3÷33)。

除出來的結果，餘數正好等於 16，證明你是合法持有人。通過驗證後，你的交易就被加入一池等待加入區塊鏈的交易中，而這一切過程都沒有揭露你的私鑰 K$_{priv}$={7}！

 如果有人想要從你的帳戶盜領資金，在不知道私鑰的情況下是無法完成的。假設盜領者誤猜你的私鑰是 {8}而不是正確的K$_{priv}$={7}，將會發生以下的事情：

1. 在簽章的過程中，盜領者會取 16（你想轉出的金額）的 8 次方（而不是你的私鑰 7），再除以 33（使用公鑰 K$_{pub}$={3,33} 的資訊）。上述的餘數 4 成為本交易對外廣播的數位簽章。

2. 盜領者提交交易請求與數位簽章 {16,4}，聲稱他是帳戶的合法持有人並使用數位簽章 4 請求提領 16 ETH。

3. 為了驗證交易，礦工取 (43÷33)（一樣使用公鑰 K$_{pub}$={3, 33}）。除出來的結果餘數為 31，不等於請求轉帳的金額 16 ETH，這筆造假的交易被拒絕執行，展現了數位簽章的美妙之處。

以上範例經過相當簡化，不能完整代表以太坊所使用的數位簽章與驗證流程，但仍足以展現公私鑰與數位簽章的搭配如何在不洩漏私鑰的前提下，有效證明你是帳戶的合法持有人。

智能合約帳戶

 合約帳戶（contract accounts），通常直接稱為合

約或智能合約，用來在EVM上指定的合約地址儲存程式與資訊。基本上，當你在EVM上部署軟體程式，就是創建一個存放程式的合約帳戶。

合約帳戶（合約）與外部帳戶（帳戶）在許多方面有顯著差異：

» **創建合約需要以太幣：**合約的建立本身就是一筆交易，需要從外部帳戶啟動。

» **合約無法啟動交易：**從創建後到交易觸發前，智能合約會保持沈默。合約可以被其他合約呼叫，但這一系列的呼叫終究都必須由外部帳戶所啟動。

» **合約沒有私鑰的概念：**合約帳戶只有公開地址。與外部帳戶一樣，合約的公開地址採十六進位制，共42位元長。既然合約無法啟動交易，自然也不需要私鑰。

當合約部署至EVM後就是公開的，任何人都可以使用內建的函式甚至取得原始碼。原始碼可以在區塊鏈上用以下方式查詢：

1. **前往** https://etherscan.io。

2. **在右上角的文字搜尋列，輸入你想找的合約的地址。**

3. **如圖 7-6 所示，在螢幕上方標籤列點擊「合約」，以檢視該合約的原始碼。**

   合約地址為

   ```
   0x1A79E50064C012639fB6fB6761E332Acf5Ba15d1
   ```

儘管合約帳戶創建時需要用到gas，之後的持續運作並不需要收取維護費。反而是當有人想要取用合約內建的函式時，需要透過外部帳戶

啟動請求並支付該交易所需的gas。

圖 7-6
查詢合約原始碼

創建合約帳戶需要提交一筆包含程式但不指定地址的交易。換句話說，創建合約帳戶是有目的性的，而不是像外部帳戶那樣，可以沒理由也隨便建一個。

下表中列出合約帳戶相關的重點，雖然有很多你還沒準備好要進行的項目：

>> 創建合約帳戶前，必須事先準備好你的智能合約程式。

>> 用外部帳戶將包含程式碼的交易提交至以太坊網路，並不需要指定收件者。

>> 驗證挖礦成功後，你的智能合約在以太坊區塊鏈上就有公開地址，未來可以供任何網路上的使用者引用。

在創建合約帳戶前，首先你需要依照後面的〈在MetaMask上準備你的帳戶〉中的步驟，設定不同用途的各個（外部）帳戶。隨後，你必須完成第八章的開發環境（development environment）設定，才能於第九章時部署你的第一個智能合約。

區分公共網路與私人環境

公共網路是開放的，讓想加入的人可不經中央管理單位許可的狀況下參與。以太坊生態圈最重要的公共網路分成兩大類：

>> **主網（Mainnet）**：以太坊網路上發生與記錄主要交易的區塊鏈。當談到以太坊時，大多數指的就是主網。主網上的交易必須使用貨真價實的以太幣支付。

>> **測試網（Testnet）**：讓開發者可以在主網上線前先進行各種功能測試。測試網上的交易可以使用測試幣支付，不需動用到真正的以太幣。

開發者往往在上測試網前，會先在本地開發環境（local development environment）對程式進行初步測試，其優勢在於更快、更簡便。

本地開發環境

本地開發環境是一個簡易又安全的封閉式沙盒（sandbox），讓你在智能合約實際部署前觀察其可能的運作情形。沙盒之所以安全，是因為他們是用來進行實驗的獨立測試環境。沙盒中的程式並未上線，所以即使發生錯誤也不會造成實際損害或網路壅塞。

上述的本地環境，例如我們將在第八章會介紹的Ganache，預先設置了測試帳戶來模擬個人版的以太坊區塊鏈。與公共網路不同的地方是，你的交易會自動執行以便快速針對智能合約進行除錯，不必等區塊經過冗長繁瑣的工作量證明程序（工作量證明相關說明詳見第六章）。

測試網

公共測試網則提供了更貼近以太坊主網運作的測試環境。不同於本地開發環境，測試網提供的是與以太坊主區塊鏈規則大致相仿的公共區塊鏈。

測試網模擬以太坊的環境，但你不必真的把以太幣浪費在部署尚未完成除錯的測試合約上。測試網上的交易不需要用到真的以太幣，你使用的是測試網原生的測試幣。

測試網有兩種模式：

>> **工作量證明：**只有Ropsten Test Network使用工作量證明共識協定，使其成為最貼近以太坊主網的測試網路。因為Ropsten使用工作量證明，我們

的逐步教學將會以它為範例。如同我們在第六章中所說明的,工作量證明是目前以太坊的主流。

>> **權威證明(Proof of authority, PoA)**:其他的測試網,如Kovan、Rinkeby 與Görli/Goerli都使用權威證明共識協定。在這個協定下,有一群選定的 節點有權驗證交易並將新區塊加到測試網區塊鏈上。

主網

主網是以太坊的主要網路,也是所有真正有價值的交易發生的地點。 任何你在新聞上曾經看到過,或是曾經考慮購買的NFT(例如第二章 裡的謎戀貓)都位於以太坊主網上。

 當單純提及以太坊時,指的是以太坊主網,而不是其 他的測試網或本地開發環境。

在 MetaMask 上準備你的帳戶

首先,從登入你的MetaMask錢包開始(關於設定MetaMask錢包的 相關資訊,請參考第二章與第四章)。你的MetaMask錢包可以儲存多 個帳戶,你想創建幾個帳戶都沒有問題(圖7-7)。

創建不同帳戶可以讓你將主網帳戶(內含貨真價實的以太幣)與測試 網、本地帳戶分開。測試網帳戶與本地帳戶可以存放測試幣,用來執行 主網上線前的模擬交易。

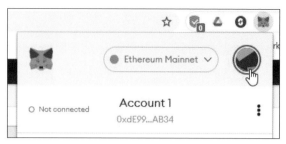

圖 7-7
在 MetaMask app 裡創
建不同的帳戶

想要創建新帳戶時，只需點擊MetaMask app右上角的彩色圓圈（圖7-7）。接著從下拉選單選擇「創建帳戶」（Create Account）。你所創建的每個帳戶都會有各自的私鑰與公開地址。我們建議至少創建3個不同的帳戶，並使用下列的名稱：

TIP　想要創建新帳戶時，只需點擊MetaMask app右上角的彩色圓圈（圖7-7）。接著從下拉選單選擇「創建帳戶」（Create Account）。你所創建的每個帳戶都會有各自的私鑰與公開地址。我們建議至少創建3個不同的帳戶，並使用下列的名稱：

>> 主網帳戶（Mainnet Account）

>> 測試網帳戶（Testnet Account）

>> 本地帳戶（Local Account）

在後續的章節中，我們會在第八章示範如何設定你的開發環境（development environment），並於第九章準備部署你的智能合約。相信我們，到了那個時候，你會慶幸你設定了不同的帳戶。

REMEMBER　前述3個帳戶名稱我們會持續地引用，包含本段落的設定教學，以及第八章到第十一章中關於打造你自己的非同質化 ERC-721代幣的說明。

在 MetaMask 上重新命名帳戶

假如你想將已創建的帳戶重新命名，你可以按照以下步驟進行。這不會對帳戶造成任何其他的影響。

圖 7-8
在 MetaMask 上瀏覽帳戶選項

1. **選擇你想重新命名的帳戶。**
2. **點擊帳戶名稱右邊的「：」圖示（圖 7-8）。**

圖 7-9
MetaMask 上特定帳戶詳情

3. **在出現的下拉選單中，選擇「帳戶詳情」（Account Details）。**

    隨後會出現一個新的視窗，帳戶名稱在 QR Code 上方（圖 7-9）。

4. **點擊帳戶名稱旁邊的鉛筆圖案。**

圖 7-10
在 MetaMask 上重新命
名帳戶

5. **重新命名帳戶後，點擊右邊的勾勾確認變更（圖 7-10）。**

大功告成！帳戶名稱已經更新了。

REMEMBER　在MetaMask上更新帳戶名稱不會改變提交交易所需的私鑰，也不會改變接收款項所需的公開地址。帳戶名稱只是方便你單看外觀就能辨識不同用途的帳戶。

在不同的帳戶中儲值以太幣

當你完成這3個帳戶的創建與命名後,你必須在每個帳戶中放一些以太幣。下表整理出在每個帳戶中存入資金時需要注意的重大差異:

>> **主網帳戶:**這個帳戶裡需要存放真正的以太幣,讓你可以在以太坊主網上進行交易。想知道如何在主網帳戶投入以太幣,請參考第二章與第四章。

>> **本地帳戶:**相較起來,提供本地帳戶資金就顯得簡單又便宜許多,因為測試環境在你個人的系統上,而且使用的測試幣在本地測試環境外毫無價值(這邊的以太幣在本地環境外是無法使用的)。

   當你啟用個人模擬區塊鏈,你的本地開發環境同時也會設定含有本地測試幣的本地帳戶。我們在第八章會解釋如何將這些本地帳戶與其中的測試資金匯入MetaMask,並說明如何設定以太坊堆疊(Ethereum stack)。

>> **測試網帳戶:**要在公共測試網上執行你的交易,需要用到該測試網的以太幣,這時就是「水龍頭」(faucet)派上用場的時候了。水龍頭會每隔一段固定的時間提供測試幣,但你在固定期間內只能請求固定金額的測試幣。更多測試水龍頭的細節,請見下一段落。

在你的測試網帳戶注入資金

你可以在你的測試網帳戶注入各種測試網路的測試幣,MetaMask很佛心地提供了一張清單,你可以選擇想要的種類然後取得測試幣。因為之後我們要用Ropsten測試網路來練習部署智能合約,在此我們選擇Ropsten以太坊水龍頭來取得測試網帳戶的資金。

要取得測試網帳戶的資金，請按照下列步驟：

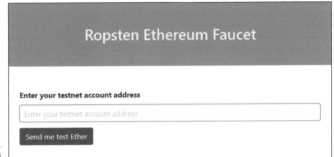

圖 7-11
Ropsten 以太坊水龍頭

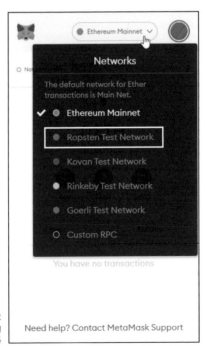

圖 7-12
在 MetaMask 錢包中切
換網路

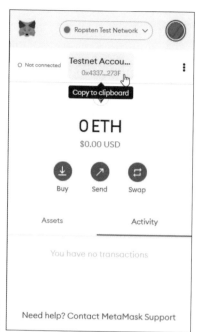

圖 7-13
從 MetaMask 錢包複製
公開帳戶地址

1. **前往 Ropsten 以太坊水龍頭** https://faucet.ropsten.be **(圖 7-11)。**

   按：Ropsten 以太坊水龍頭的網址目前已失效，可使用 MetaMask 提供的水龍頭 https://faucet.metamask.io/ 或其他以太坊水龍頭。

2. **登入 MetaMask 錢包。**

3. **點擊中間的下拉選單，從「以太坊主網」切換至「Ropsten 測試網路」（圖 7-12）。**

4. **選擇你的測試網帳戶，並點擊複製公開帳戶地址 (圖 7-13)。**

在我們的範例中，這個帳戶地址是 0x43371B75585785D62e3a50533aa15ee8D350273F。

按：使用 MetaMask 水龍頭的話，點擊「購買」(Buy)後會出現「Ropsten Test Faucet」，點擊後會導向至 https://faucet.metamask.io/，你會在「faucet」下看到你的公開帳戶地址和帳戶餘額。

5. **將上述帳戶地址貼到 Ropsten 以太坊水龍頭中並點擊「提供測試幣」(Send Me Test Ether)，如圖 7-14 所示。**

按：使用 MetaMask 水龍頭的話，點擊「請求 1 顆測試幣」。

6. **等待約 1 分鐘。**

網路可能忙碌，所以等待時間不一，也有可能晚一點，請耐心等待。

7. **確認 MetaMask 的測試網帳戶中出現的新餘額（圖 7-15）。**

恭喜你！你的測試網帳戶中現在有一枚測試幣了！

 REMEMBER　如果等待超過10分鐘，測試網帳戶卻仍然沒有測試幣出現，請確認你有進行前述步驟3（切換至Ropsten測試網路）。

WARNING　測試網水龍頭不會無止盡地提供測試幣。

如果你在收到「水滴」(a drip，對水龍頭提供的資金的暱稱）後太快再次提出請求，將被列入灰名單（greylist）。Ropsten以太坊水龍頭甚至要求請求之間必須間隔24小時。如果你在24小時內再度提出請求，你將被列入灰名單，必須再多等待24小時才能請求更多測試幣，懲戒如同圖7-16。

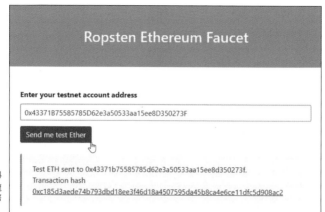

圖 7-14
向 Ropsten 以太坊水龍
頭請求提供測試幣

圖 7-15
請求測試幣後更新的
測試網帳戶餘額

圖 7-16
太快請求測試以太幣時
的灰名單警告

探索 Ropsten testnet 區塊鏈

如同以太坊主網上的交易一般，你也可以在Ropsten測試網區塊鏈上
看見你的測試網交易以及其他測試網交易形成的區塊。以下說明如何
檢視：

1. **前往** https://ropsten.etherscan.io。

2. **如圖 7-17 所示，你可以輸入特定的交易雜湊值、區塊編號或帳戶**
   地址，然後點擊搜尋鍵（放大鏡）。

   讓我們貼上上個範例中的測試網帳戶地址：0x43371B75585785D
   62e3a50533aa15ee8D350273F

   這筆查詢顯示將測試幣匯入我們在步驟 2 所輸入的測試網帳戶的
   交易（圖 7-18）。

當然，與測試網帳戶相關的交易與以太幣都不會傳送至以太坊主網
（https://etherscan.io）上（圖7-19）。

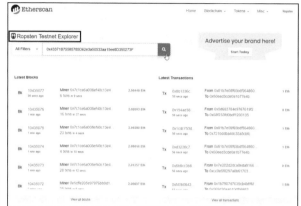

圖 7-17
在 Ropsten 測試網上探
索交易

圖 7-18
在 Ropsten 測試網上搜
尋交易與帳戶餘額

圖 7-19
以太坊主網不會顯示測
試幣餘額

「消失」的帳戶餘額？

如果你突然看到帳戶餘額與你想的數字差異非常大，應該怎麼辦呢？

別慌張！你應該做的是檢查你正在使用的網路，因為MetaMask顯示的是選定網路中的帳戶餘額。

 如果你從MetaMask上的Ropsten測試網路切換至以太坊主網（圖7-20），測試網帳戶中的餘額會正確反映0 ETH（假設你在本帳戶中沒有真的以太幣）。

同理，如果你在主網帳戶中有真的以太幣，當你從主網切換到Ropsten測試網路時，餘額會突然變成0 ETH（假設你在該帳戶中並沒有以太幣）。

圖 7-20
測試網帳戶在以太坊主網下餘額顯示為 0

（integrated development environment）

» 用Ganache打造本地區塊鏈測試環境

» 設定MetaMask連結至客制網路

» 將Remix IDE同步至你的MetaMask錢包

第 **8** 章
設定開發環境

在 這一章中，我們會介紹以太坊解決方案堆疊（solution
stack）的要素，並帶你在Ganache中設定本地開發環境。
我們也會告訴你如何設定MetaMask錢包來連結你的
本地測試環境，並至少匯入一個你的本地帳戶。最後，我們會談到將
Remix-IDE同步至MetaMask錢包。

在打造非同質化ERC-721代幣的旅途上，第七章帶領
你踏出了那重要的第一步，也就是設定你的帳戶。這
一章則負責重要的第二步——設定你的開發環境。我們強烈建議你把
整章都讀完，可以對我們所使用的基本功能與過程中所做的選擇有更

深的了解。不過如果你已經急得像熱鍋上的螞蟻，你可以直接跳到最後一段〈準備上工——建構你的環境〉。

 要隨本章的說明逐步操作，你必須已經事先完成下列事項：

1. 安裝 MetaMask 錢包（細節詳見第二章與第四章）。
2. 創建至少 3 個不同的外部帳戶（詳見第七章）：
   ● 主網帳戶
   ● 測試網帳戶
   ● 本地帳戶

這些帳戶都需要資金：主網帳戶需要真正的以太幣（見第二章與第四章），測試網帳戶則需要測試幣（見第七章）。

探索你的以太坊解決方案堆疊

解決方案堆疊（或稱解決方案堆棧或解決方案棧），是指由一組軟體構成的完整環境，不需要額外的子系統（subsystem）來支援應用程式的開發、部署與執行。你可以自行客制想要的堆疊，也可以選擇現成的。在這個段落中，我們會說明全堆疊（full stack）的必要組成，並帶領你建立自己的堆疊。

以太坊堆疊的要素

宏觀地說，下表是以太坊解決方案堆疊的標準要素：

》 終端使用者應用程式（end-user application）： 堆疊的最上層，理所當然是終端使用者應用程式本身囉！第二章介紹的《謎戀貓》（www.cryptokitties.co）就是以太坊終端使用者應用程式的好例子。

》 以太坊客戶端API： 應用程式介面（application programming interface, API）是兩個應用程式間的橋樑，讓它們可以互相對話。以太坊客戶端API讓終端使用者應用程式連結以太坊上的節點，以取得以太坊區塊鏈上的資料（如帳戶餘額、歷史交易資訊與智能合約等）。同時，也讓應用程式提交交易到以太坊網路上，達到移轉資金、部署新的智能合約或是執行智能合約裡的程式等目的。MetaMask瀏覽器擴充功能內建的API就是以太坊客戶端API的例子之一。

》 節點與客戶： 以太坊上的節點就是扮演客戶角色的電腦。他們執行特殊的客戶軟體，符合以太坊驗證、執行與記錄交易的規範。

》 智能合約： 智能合約包含的可執行程式，讓終端使用者應用程式得以進行各種交易。在第九章時，你將學到更多有關智能合約的知識，包括如何部署你自己的智能合約。

》 以太坊虛擬機： 任何以太坊堆疊的底層都是以太坊虛擬機（Ethereum Virtual Machine, EVM）。第六章中介紹的EVM包含了分散運作的節點，這些節點都保留了以太坊區塊鏈的最新備份。

在以太坊堆疊的眾多分層中，下列兩項是與打造非同質化ERC-721代幣直接相關的：

》 以太坊客戶端API

》 用來開發、測試與部署智能合約的原始碼編譯器（source code compiler）與測試環境

這邊一疊、那邊一疊：現成的堆疊

你有許多的開發堆疊（development stack）可以選擇，每一個的複雜程度與想達到的目的都不一樣，如https://ethereum.org/en/developers/local-environment的選項清單所示（圖8-1）。

很遺憾地，沒有一個開發堆疊是現成又所有功能全包的。然而，幸好有許多藍圖可以帶領你挑選需要安裝的項目，完成符合需求的開發環境。

本書使用最簡單的項目組合，提供足夠的彈性來客製化你的NFT，卻又不需要用到以太坊核心開發者常用的命令行介面（command-line interface, CLI）。

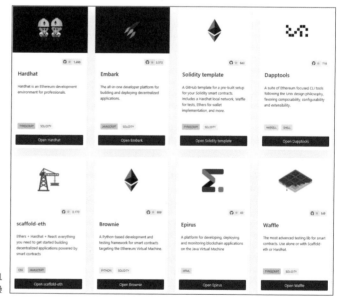

圖 8-1
框架與現成的堆疊

圖形使用者介面（graphical user interface, GUI）下的工作區視覺上較容易瀏覽且容易使用；CLI下的工作區則以文字為主，需要輸入指令，相較之下就顯得對使用者沒有那麼友善。

說得更清楚一些，我們的逐步教學會用到以下三個項目：

>> **以太坊客戶端API**：MetaMask

>> **本地測試區塊鏈**：Ganache GUI

>> **原始碼編譯器**：Remix IDE

開始動工：打造你的開發環境

在這個段落裡，我們會說明如何在你的個人電腦上執行本地區塊鏈。接著，會教你如何設定MetaMask錢包來搭配本地開發環境與Remix IDE使用。

設定你的本地區塊鏈測試環境

如同我們在第七章說明的，本地開發環境是一個私人又安全的地方，可以讓你練習部署與測試智能合約。

要設定你的本地開發環境，可依照下列步驟下載Ganache桌面應用程式（Ganache GUI）——這是Truffle Suite提供給智能合約開發者的

工具包。

1. **前往** www.trufflesuite.com/ganache **並點擊「下載」**
   （Download），完成下載 Ganache 桌面應用程式（圖 8-2）。

2. **下載完成後，在安裝程式上點兩下並依照指示安裝 Ganache（圖**
   8-3）。

圖 8-2
下載 Ganache 桌面應用
程式

下載鍵

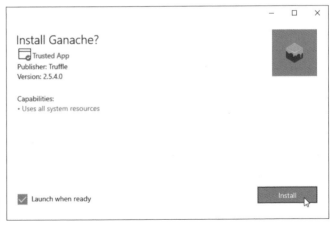

圖 8-3
Ganache 安裝程式

3. **當安裝完成，啟動 Ganache 然後在開始頁面點擊「快速開始以太坊」（Quickstart Ethereum）（圖 8-4）。**

   Ganache 會建立一條本地區塊鏈，包含模擬以太坊上外部帳戶的測試帳戶（圖 8-5）。Ganache 預設建立 10 個測試帳戶，每個帳戶內有 100 枚測試幣，僅供目前這個工作區內使用。

圖 8-4
Ganache 開始頁面

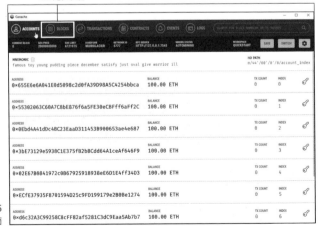

圖 8-5
Ganache 帳戶頁面

4. **點擊「區塊」頁籤（螢幕上方的清單中，帳戶頁籤的右邊）以顯示現行工作區所有的區塊鏈帳本。**

   一開始，你只有一個區塊叫做 0 號區塊（Block 0，或稱創世區塊），如圖 8-6。

圖 8-6
最初的 Ganache
創世區塊

5. **點擊 Ganache 應用程式視窗右上角的「儲存」（Save）以儲存你的工作區（參考圖 8-6）。**

   Ganache 會自動且隨機地替你的工作區命名。在我們的範例中，Ganache 替工作區取的名字叫「Handsomely-Vessel」（圖 8-7）。

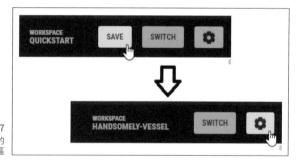

圖 8-7
在 Ganache 上儲存你的
工作區

6. **關閉並重新開啟 Ganache。你儲存的工作區會出現在開始頁面（圖 8-8），你可以很輕易地從上次停止的地方重新開始。**

恭喜你！你已經準備好在個人開發環境中工作了！

 如果你想更改工作區的名稱，可以參考圖8-7，點擊工作區名稱旁的設定（齒輪）圖案。隨後會出現一個新視窗，你可以在裡面編輯工作區的名稱（圖8-9）。

圖 8-8
重啟後的 Ganache 開始
頁面

圖 8-9
在 Ganache 上編輯你的
工作區

將客制 Ganache 網路連結至你的 MetaMask 錢包

在啟動本地區塊鏈後，你已經準備好將這個客制的網路以及相關的帳戶加到你的MetaMask錢包了。接下來請依照下列步驟進行：

1. 開啟 Ganache 並載入上個段落創建的工作區。

2. 找到你的 RPC URL（RPC 代表 remote procedure call，RPC URL 即遠端程序呼叫網址），預設位址是 http://127.0.0.1:7545（圖 8-10）。

你的 RPC URL

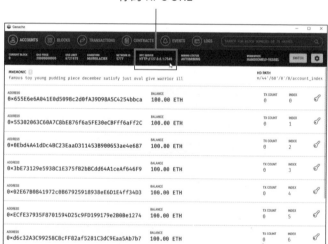

圖 8-10
在 Ganache 介面中確認
RPC URL 的位置

3. 登入 MetaMask 錢包。

4. 要在 MetaMask 中切換網路，選擇下拉選單中的「客制 RPC」（Custom RPC）選項（圖 8-11）。

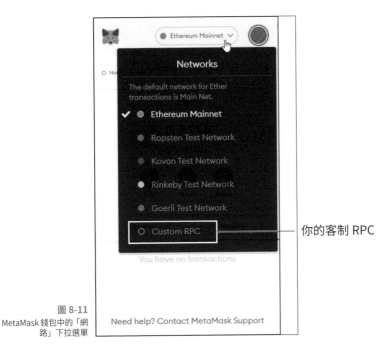

你的客制 RPC

圖 8-11
MetaMask 錢包中的「網
路」下拉選單

5. 如圖 8-12 所示，在新出現的頁面上填入如下列的網路名稱、新的
   RPC URL 以及鏈 ID：

   ● **網路名稱：**HANDSOMELY-VESSEL

   　你可以任意選擇網路名稱。為求統一並避免混淆，
   我們建議你使用 Ganache 工作區中的網路名稱。

   ● **新 RPC URL：**http://127.0.0.1:7545（預設 RPC URL）

   ● **鏈 ID：**1337（預設鏈 ID）

6. 點擊「儲存」（Save）。

好極了！你已成功在MetaMask網路選項中加入新的網路（圖8-13）！

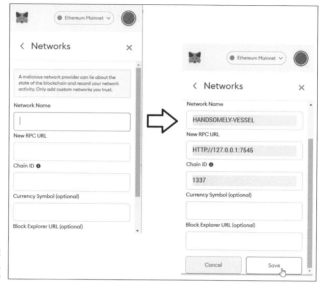

圖 8-12
在 MetaMask 錢包加入
新網路

你新增的網路

圖 8-13
MetaMask 網路選項中
新增的 HANDSOMELY-
VESSEL

將本地 Ganache 帳戶匯入你的 MetaMask 錢包

在你安裝Ganache並將對應的客制網路新增到MetaMask後，接下來你得把幾個Ganache工作區中的帳戶匯入MetaMask。

你需要持有本地帳戶的私鑰才能將其匯入MetaMask，你可以按照以下步驟取得私鑰：

1. **開啟 Ganache 並載入於〈設定你的本地區塊鏈測試環境〉段落中創建的工作區。**
2. **在「帳戶」(Accounts) 頁面，選擇一個帳戶並點擊最右邊的鑰匙圖案 (圖 8-14)。**

   隨後彈出的視窗會顯示這個帳戶的私鑰 (圖 8-15)。

圖 8-14
在 Ganache 工作區取得
帳戶私鑰

ACCOUNT INFORMATION

ACCOUNT ADDRESS
0×655E6e6A041E0d5098c2d0fA39D98A5C4254bbca

PRIVATE KEY
e52f1eef360b6d1cb364d1b363e34c55f3b675565636f13e01ed8dfbcf7685d8
Do not use this private key on a public blockchain; use it for development purposes only!

DONE

圖 8-15
Ganache 示範帳戶的地
址與私鑰

有了私鑰在手，以下是如何將這些帳戶匯入MetaMask錢包：

1. **登入 MetaMask 錢包並切換至 Handsomely-Vessel 網路。**

    REMEMBER　Handsomely-Vessel 是我們的客制網路名稱，與你依照〈設定你的本地區塊鏈測試環境〉中的步驟所創建出來的 Ganache 工作區名稱是不一樣的。

2. **點擊 MetaMask APP 右上角的彩色圈圈，從下拉選單選擇「匯入帳戶」（Import Account）選項（圖 8-16）。**

3. **在出現的新對話框中，貼上你的 Ganache 工作區中任一帳戶的私鑰，然後點擊「匯入」（Import），如圖 8-17。**

   成功匯入 MetaMask 的帳戶如圖 8-18，你可以發現我們將帳戶重新命名了。

   TIP　把你匯入的帳戶改成一個容易辨識其屬於 Ganache 本地帳戶的名稱。我們把匯入的帳戶重新命名為「Ganache HV 1」，因為這與原始帳戶名稱有關連。要在

MetaMask 上重新命名帳戶，可以點擊帳戶名稱右邊的「⋮」並選擇
「帳戶詳情」（Account Details）。接著，點擊帳戶名稱旁邊的鉛筆
圖案，將帳戶重新命名後點擊勾勾，即可完成更名（更多更名細節
請詳第七章。）

完成！你現在已經成功將本地Ganache帳戶匯入你的MetaMask錢
包了。

你新增的網路

圖 8-16
MetaMask 中的「匯入
帳戶」選項

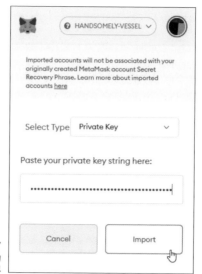

圖 8-17
將帳戶匯入你的
MetaMask 錢包

匯入且更名的帳戶

圖 8-18
成功匯入 MetaMask 並
重新命名的帳戶

 WARNING

如果你在新匯入的Ganache帳戶中看到奇怪的餘額，先別緊張。如同你在圖8-18所看到的，即便我們連線到正確的網路，我們的帳戶餘額顯示為196,163 ETH（驚！），遠超過Ganache工作區所反映的100枚測試幣（圖8-14）。

REMEMBER

如同我們在第七章提過的，你必須在MetaMask切換到正確的網路，才能看到每個帳戶內真正的以太幣餘額或測試幣餘額。舉例來說，當我們切換到以太坊主網，Ganache HV1帳戶就反映0 ETH的餘額（圖8-19）。

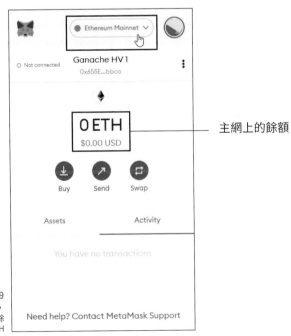

圖 8-19
切換至主網時，
Ganache HV1 帳戶之餘
額顯示為 0 ETH

主網上的餘額

現在，與MetaMask錢包中的其他帳戶一樣，你可以透過MetaMask用這個本地Ganache帳戶傳送交易了。雖然離提交產生新智能合約的交易還有一段路要走，你已經可以在本地Ganache工作區中按照下列步驟進行帳戶間的轉帳：

1. **在 Ganache 工作區的「帳戶」（Accounts）頁籤中，選取另一個帳戶並按右鍵複製公開地址（圖 8-20）。**

圖 8-20
在 Ganache 工作區複製帳戶地址

2. **按照下列標準步驟來透過 MetaMask 傳送交易（圖 8-21）：**

   a. 選擇要使用的帳戶： 在這個例子中，就是 Ganache HV 1帳戶。

   b. 確認切換至正確網路： 我們在 Handsomely-Vessel 客制網路上。

   c. 點擊「傳送」（Send）。

3. 貼上從 Ganache 工作區複製的帳戶地址（步驟 1），並選擇要轉帳的金額（我們用了 5 枚測試幣），如圖 8-22。

4. 點擊「下一步」（Next）後，在下一頁點擊「確認」（Confirm）。

REMEMBER 你在這個階段所看到的數字可能會長得很奇怪，像我們在前面的注意事項提過的一樣。這是因為 MetaMask 與本地 Ganache 環境之間有些不一致的問題。

由於在本地 Ganache 區塊鏈上的交易與區塊會自動挖礦成功，這筆交易的狀態很快就會從等待中變為已完成（圖 8-23）。

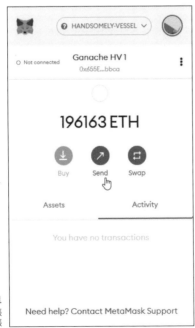

圖 8-21
準備從本地 Ganache 帳
戶轉帳

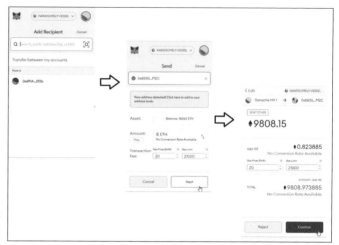

圖 8-22
進行本地 Ganache 帳戶
間的轉帳

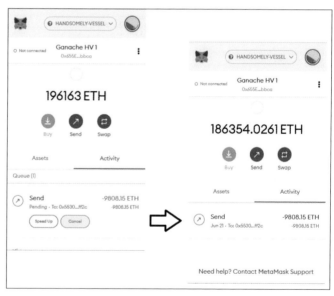

8-23
MetaMask 交易確認

新餘額

圖 8-24
Ganache 工作區帳戶餘
額更新

5. **確認 Ganache 工作區中的帳戶餘額。**

   如圖 8-24 所示，5 枚測試幣已經從第一個帳戶轉到第二個帳戶了。

將 Remix IDE 同步至你的 MetaMask 錢包

在這個段落中我們會探索Remix的功能，讓你最終可以編譯並部署智
能合約，不論是在本地環境、測試網或是主網上。

依下列步驟來熟悉Remix的功能：

1. **前往** `http://remix.ethereum.org`。

 要輸入http://（沒有s）而不是https://（有s），否則
Remix無法登入MetaMask。

2. 如圖 8-25 所示，點擊左方工具列上的以太坊圖案（按：看起來像三角形的圖案）。

以太坊圖案

圖 8-25
Remix 主頁

3. 在「部署與執行交易」（Deploy & Run Transactions）對話框的「環境」（Environment）下拉選單中，選擇「Injected Web 3」（圖 8-26）。

4. 登入 MetaMask 錢包。

 如果你安裝了 Dapper 等其他錢包的瀏覽器擴充功能，可能會出現問題。建議你在按照我們的步驟進行時，先停用其他的擴充功能，只留下 MetaMask。

5. （可跳過）要關閉可能造成問題的瀏覽器擴充功能，可以依照下列步驟：

a. 前往瀏覽器工具列，在你想停用的擴充功能圖案處點擊右鍵。

b. 選擇「管理擴充功能」（Manage Extensions）。

c. 在接下來出現的頁面上關閉想停用的擴充功能（圖 8-27）。

6. **在 MetaMask 中，選擇你想要使用的網路與帳戶。**

    在圖 8-28 中，我們展示的 Remix 環境使用了 Ropsten 測試網路以及我們在第七章中教你創建與注入資金的測試網帳戶。

    而圖 8-29 中，我們展示的 Remix 環境選用了 Handsomely-Vessel 客制網路以及我們在本章中匯入並重新命名的 Ganache HV 1 帳戶。

恭喜你！既然現在有一個獨立且功能完備的解決方案堆疊，你可以開始開發與部署智能合約了！

Injected Web 3 選項

圖 8-26
部署與執行交易對話框

圖 8-27
停用特定的瀏覽器擴充
功能

Ropsten 測試網路　　　　　　　　　你的測試網帳戶

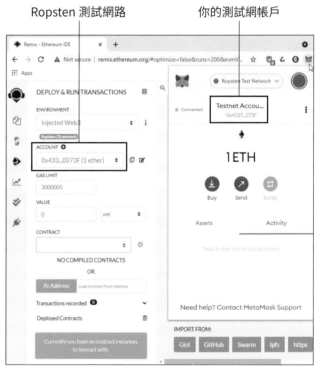

圖 8-28
我們在 Ropsten 測試
網路上的測試網帳戶

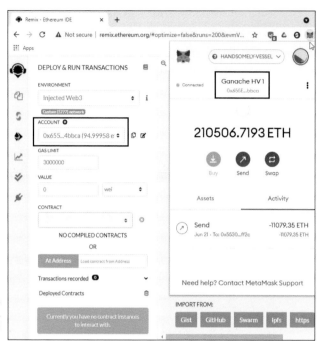

圖 8-29
我們在 Handsomely-
Vessel 客制網路上的
Ganache HV 1 帳戶

第 **9** 章

部署你的
第一個智能合約

本 章將帶你按部就班地開發、編譯與部署你的第一個智能合約。但在正式開始之前，我們打算先快速向你介紹智能合約語言，並且描述智能合約的要素。我們同時也想帶到智能合約函式庫，這會與我們在第十章與第十一章要做的事情更有相關性。

🔆 TIP　本章是你嘗試打造自己的非同質化ERC-721代幣前所需的最後準備工作，打造代幣的細節將會在第十一章介紹。我們強烈建議你把整章都讀完，可以對智能合約的基本特徵與我們在過程中所做的選擇有更深的了解。不過如果你已經急得像熱鍋上的螞蟻，你也可以直接跳到最後一段〈萬事俱備：發表你的智能合約〉。

 要隨本章的說明逐步操作，你必須已經事先安裝MetaMask錢包（細節詳見第二章與第四章）。你同時必須已經設定好主網帳戶、測試網帳戶與本地帳戶，並且將本地Ganache環境與MetaMask上對應的客制網路設定完成（詳情見第七章與第八章）。最後，你需要設定Remix-IDE瀏覽器（http://remix.ethereum.org）與MetaMask同步（這部分同樣可以在第八章中找到相關說明）。

智能合約語言

要創建一個可以正常運作的智能合約，本質上是透過向以太坊提交沒有目的地址的位元組碼（bytecode）交易來創建合約帳戶。位元組碼是以十六進位制編寫的機器碼（machine code），由於它非常難學習與理解，因此在編寫智能合約原始碼的時候，你需要一個比較貼近人類且現行編譯器能成功轉譯成位元組碼的語言。

謝天謝地，你有好幾種被積極維護的語言可以選擇。在我們選擇使用的Remix IDE中，內含的編譯器可以輕易在Solidity與Yul兩種語言間切換。

 » **Solidity**：Solidity程式語言是專門為了在以太坊虛擬機（EVM）上執行智能合約所設計的。至今Solidity仍是以太坊智能合約開發者所使用的主要語言，甚至還被應用到其他競爭平台上。

在程式語言的分類中，Solidity屬於高階語言，使用者比較容易了解與進行除錯。但相對來說也比較吃記憶體，而且需要經過編譯才能轉為執行機器所能理解的指令。

>> **Yul**：Yul是比較新興的程式語言，使用者需要理解與掌控「運算碼」（opcode，一種低階的機器碼指令）的使用才能上手。在程式語言的分類中，Yul屬於中階語言。

在選擇了程式語言並將智能合約編寫完成後，接下來你將會進行編譯產出：

>> **位元組碼**：位元組碼是一組在以太坊上執行，完全以十六進位制表達的指令。位元組碼屬於機器碼，在程式語言的分類中位於最底層，最難以直接理解與操作。

>> **運算碼**：當你對智能合約的開發更加精通，你會發現許多開發者會引用運算碼中的指令。運算碼是一種組合語言（assembly language），其指令相當於會說人話的位元組碼。在程式語言的分類中，組合語言是僅高於機器碼一層的低階語言。

>> **應用程式二進制介面（application binary interface, ABI）**：編譯器也會建立相應的ABI，終端使用者應用程式需要它來瀏覽智能合約的資料與函式。

我們選擇使用Solidity，因為它是程式語言中比較常用且容易上手的。當你使用Solidity時，你同時也能使用許多預建的函式庫（library），裡面有許多精心開發且經過審查的程式碼供你取用並繼續建構。我們稍晚會在本章的〈不需要重工——善用智能合約函式庫〉段落更詳細說明預建函式庫的相關細節。

從 Solidity 編譯器的編譯指示開始

為了確保Solidity原始碼是在相容的編譯器版本裡進行編譯，程式碼的第一行永遠要包含Solidity編譯器的「編譯指示」（pragma）。編譯指示明定編譯時可以使用的Solidity編譯器版本，如下圖：

```
pragma solidity 0.8.6;
```

在這個例子中，根據編譯指示，我們的原始碼僅能在Solidity版本0.8.6下進行編譯。這樣能夠確保程式碼不會因為後續版本出現不相容的更新，導致無法編譯的情形。

版本編譯指示的句法可以更動，提供更多彈性，如以下示範：

» **<=0.8.6**代表准許在0.8.6及更早版本中編譯。

» **>=0.8.6**代表准許在0.8.6及之後版本中編譯。

» **^0.8.6**代表准許在0.8.6及之後到0.9.0以前的版本編譯，「^」的意思是超過0.8.X版本的編譯器不得使用。

在編譯指示的句法中，同時使用 <= 與 >= 可以提供比 ^ 更精細更客制化的限定。另外，< 及 > 都是可以用的限定語。

從原始碼到位元組碼

以下為用Solidity撰寫的簡單智能合約原始碼：

```
pragma solidity 0.8.6;
contract LittleBear {
```

```
string public msg = "Hello Little Bear (a.k.a.
Maddie)!";

}
```

這個原始碼經過編譯後，你將得到下列機器碼層級的位元組碼：

6080604052348015610010576000080fd5b50600436106100 2b5
760003560e01c80636b473fca14610030575b600080 fd
5b61003861004e565b6040516100459190610115565b6
0405180910390f35b6000805461005b90610186565b8060
1f0160208091040260200160405190810160405280929 1
9 0818152602001828054610087906101 86565b8015610
0d4 5780601f106100a9576101 00808354040283529160 2001
916100d4565b82019190600052602060000020905b81548
152906001019060020018083116100b7578290036 01f168
201915b505050505081565b60006100e782610137565b
6100f18185610142565b935061010181856020860161015
3565b61010a816101e7565b84019150509291505056
5b 60006020820190508181036000083015261012f8184
6100d c565b9050092915050565b600081519050091905
0565b6000 82825260208201905092915050565b6000
5b838110156 10171578082015181840152602081019050610 1
5656 5b838111156101805760000848401525b50505050565b
60006002820490506000182168061019e57607f821 691505b6020
8210811415610 1b2576101b16101b8 565b5b5091905 0565b7f4e4

87b710000000000000 0000000000000000000000000000000000

0000000000060 00526022600452602460000fd5b6000601f1960

1f8301 16905091905056fea264697066735822122067b6da 38f6d

de0621c9c49d1785ec9d01d5d423d6d5f4aca 74e7b3f8ffa4c18f6

4736f6c63430008060033

相應的部分運算碼則如下列所示：

```
PUSH1 0x80 PUSH1 0x40 MSTORE CALLVALUE DUP1 ISZERO PUSH2
0x10 JUMPI PUSH1 0x0 DUP1 REVERT JUMPDEST POP PUSH1
0x4 CALLDATASIZE LT PUSH2 0x2B JUMPI PUSH1 0x0
CALLDATALOAD PUSH1 0xE0 SHR DUP1 PUSH4 0x6B473FCA
EQ PUSH2 0x30 JUMPI JUMPDEST PUSH1 0x0 DUP1 REVERT
JUMPDEST PUSH2 0x38 PUSH2 0x4E JUMP JUMPDEST PUSH1
0x40 MLOAD PUSH2 0x45 SWAP2 SWAP1 PUSH2 0x115 JUMP
JUMPDEST PUSH1 0x40 MLOAD DUP1 SWAP2 SUB SWAP1 RETURN
JUMPDEST PUSH1 0x0 DUP1 SLOAD PUSH2 0x5B SWAP1 PUSH2
0x186 JUMP JUMPDEST DUP1 PUSH1 0x1F ADD PUSH1 [...]
```

最後，以下是產出的相應ABI，提供終端使用者應用程式與智能合約互動的地圖：

```
{
    "inputs": [],
    "name": "msg",
    "outputs": [
        {
```

```
                    "internalType": "string",

                    "name": "",

                    "type": "string"

                }

        ],

        "stateMutability": "view",

        "type": "function"

    }
```

現在你大概可以了解為何我們想要用高階（比較像人話）的語言來撰寫智能合約了吧？

智能合約的重點元素

智能合約的核心是函式與數據，位於以太坊區塊鏈的合約帳戶地址中。當所執行的交易取用智能合約的函式時，狀態變更可以直接記載於區塊鏈，不用儲存在相對花費較高的合約帳戶中。在這個段落裡，我們來開箱智能合約的重點元素，也就是資料、函式與事件日誌。

資料

Solidity是靜態型別的程式語言，意思是原始碼必須宣告變數的型別（通常還包含大小）才能進行編譯。

作為合約資料被保存的變數稱為「狀態變數」（state variable）。另一

方面，也有不需保存，僅作為過渡性運算使用的暫時性變數，稱為「記憶體變數」（memory variable）。

其他智能合約可以取用宣告為公有（public）的狀態變數裡儲存的資料；如果是私有（private）的狀態變數，其中的資料就只有儲存該資料的智能合約可以使用。儘管如此，任何人都可以看到私有狀態變數中的資料，因為終究是存放在公有鏈上。

 無論存放的資料是公有或是私有，能夠更改狀態變數的只有資料所在的智能合約。

函式

智能合約的函式是一切發生的地方。舉例來說，函式可以用來執行計算、設定狀態變數的新值、從區塊鏈的別處取得資料、將以太幣轉到其他地址或是呼叫其他函式。函式大致可以分為以下三類：

>> **內建函式（built-in functions）**：Solidity備有內建函式清單，用來執行常用功能，例如receive()可以接收以太幣，而address.send()可以將以太幣轉到指定地址。另一個熱門的內建函式是selfdestruct(address)，會將合約帳戶內所有剩餘的以太幣轉到指定地址後移除智能合約。

>> **構造函式（constructor function）**：每個合約都可以指定一個constructor()函式，但這個函式只在智能合約首次在EVM上部署時執行。

》自訂函式（custom function）： 當然，你也可以撰寫自己的函式！

如果要自訂函式，你需要透過以下關鍵字來宣告每個函式可否被其他函式、智能合約或交易取用：

》公有／外部：

公有函式（也是預設函式）提供最大的使用彈性，可以被智能合約內的其他函式、其他智能合約以及透過外部帳戶提交的交易呼叫。

外部（external）函式與公有函式提供一樣的可存取性，只是來自合約內部的呼叫前面必須加上this語法，才能被視為外部呼叫。

》私有／內部：

私有函式只能從合約內部呼叫。Solidity有一個功能，讓開發者可以將合約合併為一個新的子合約（derived contract），衍生合約繼承的合約稱為父合約（base contract）。內部（internal）函式類似私有函式，但可以被其子合約呼叫。

事件日誌

事件日誌（Event log）是個方便在區塊鏈上記錄歷史資訊的方式，不需額外佔用合約帳戶內的儲存空間，其他智能合約或使用者也可以查詢這些日誌得知發生過的事件。在合約中使用關鍵字event就可以宣告事件，而使用關鍵字emit呼叫事件時，引數（argument）會被儲存到區塊鏈上一個與合約帳戶關聯的日誌中。

你在本章〈萬事俱備：發表你的智能合約〉段落中即將部署的智能合約，會提供宣告與呼叫事件的範例。

不需要從零做起——
善用智能合約函式庫

市面上有許多的智能合約函式庫,可以提供你預建的函式與執行以太坊開發標準(以太坊開發標準在第十章會詳述)。除了能夠幫助你省下基礎工作的時間,開放原始碼函式庫已經過開發與審查,讓還沒十分熟悉智能合約開發與運作細節的新手開發者更多安全性保障。

 接下來的段落中,我們示範部署的智能合約很簡單,還不需要用到智能合約函式庫。在第十一章中,我們會教你如何打造自己的ERC-721代幣,到時候你可以一併學習載入預建函式庫以及匯入想要的父合約。

萬事俱備——發表你的智能合約

以下步驟帶領你在EVM(或是Ropsten測試網,如果你還沒準備好要投入真正的以太幣)上部署你的第一個智能合約:

1. **前往** http://remix.ethereum.org。

   要輸入 http://(沒有 s)而不是 https://(有 s),否則 Remix 無法登入 MetaMask。

2. **點擊主頁「檔案」(File)標題下的「新檔案」(New File)連結(圖9-1)。**

新檔案將出現在頁面左方的「檔案總管區」（File Explorers）。

 頁面最左方的導覽列（navigation pane）上有一個雙頁圖案，點擊這個圖案可以隨時帶你回到檔案總管區（圖 9-2）。

3. **使用游標點擊空白文字方塊，輸入「LittleBear.sol」後按下確認鍵（Enter）。**

完成後會出現一個含有檔名的新頁籤（圖 9-3）。

好極了，你已經準備好輸入你的Solidity程式碼了！

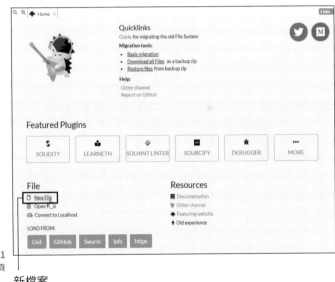

圖 9-1
Remix 以太坊主頁

新檔案

點擊這裡來回到檔案總管畫面

圖 9-2
Remix 檔案總管區

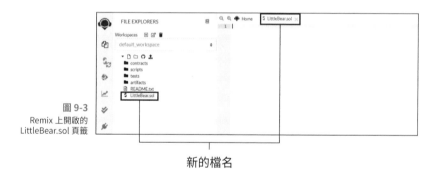

圖 9-3
Remix 上開啟的
LittleBear.sol 頁籤

新的檔名

從一個簡單的模板開始

將以下程式碼輸入到 LittleBear.sol 檔案中：

```
pragma solidity 0.8.6;

contract LittleBear{

    event LogMsg(string message);
```

```
string public storedMsg;

constructor() {

  storedMsg = "Hello Little Bear (a.k.a. Maddie)!";

  emit LogMsg(storedMsg);

  }


function updateMsg(string memory newMsg)

  public {storedMsg = newMsg;

emit LogMsg(storedMsg);

  }

}
```

 為 了 避 免 輸 入 錯 誤 ， 你 可 以 直 接 到 w w w . seoyoungkim.com/nftfdcode.html將上述片段
複製貼上。

 Solidity有大小寫之分，因此LogMsg與logmsg在編
譯時的處理是不一樣的。

接下來我們將分段解釋這個程式碼。

第一列是Solidity版本的編譯指示，用來指定可執行編譯的Solidity
編譯器版本。在這個例子中，版本編譯指示只允許版本0.8.6對原始碼
進行編譯：

```
pragma solidity 0.8.6;
```

接下來會定義LittleBear合約。Solidity屬於花括號語言（curly-bracket language），意思是程式碼的開頭與結尾都以花括號表示：

```
contract LittleBear {
```

下列宣告LogMsg事件，LogMsg只接受string型別的引數：

```
event LogMsg(string message);
```

再下一列宣告公有狀態變數storedMsg，型別為string。storedMsg的最新版本儲存在合約中，即使合約與其中的函式在未被呼叫時保持沈默。

```
string public storedMsg;
```

接下來這一塊程式碼宣告了特別的constructor()函式，這個函式只在合約啟動時執行一次。函式的第一列用來啟動儲存在storedMsg狀態變數中的文字；第二列觸發LogMsg事件，並將storedMsg的內容寫入合約的事件日誌：

```
constructor() {storedMsg = "Hello Little Bear (a.k.a.
    Maddie)!";
    emit LogMsg(storedMsg);
}
```

下面這一塊程式碼宣告公有函式updateMsg()，只接受string型別的引數。這個參數在函式中被定義為newMsg，並且宣告為記憶體變數，意思是其內容在函式運算完成後不會被保留。即使不明確宣告關鍵字memory，函式參數預設皆為記憶體變數而非狀態變數：

```
function updateMsg(string memory newMsg) public {
```

```
   storedMsg = newMsg;

   emit LogMsg(storedMsg);

 }
```

updateMsg()函式的第一列意思是，將storedMsg狀態變數中儲存的文字，用呼叫函式時傳來的文字取代。第二列則觸發LogMsg事件，讓storedMsg的最新內容可以被寫入合約的事件日誌。

最後，我們使用花括號來表示合約程式碼的結尾。

```
 }
```

上線前的編譯

在你準備好LittleBear.sol檔案並加入必要的程式碼後，可以依照下述步驟編譯程式碼：

1. **點擊左方導覽列中的編譯器圖案（圖 9-4）。**
2. **在出現的 Solidity 編譯器區，點擊「編譯 LittleBear.sol」（Compile LittleBear.sol）（圖 9-5）。**

    智能合約的編譯細節會出現在「編譯」（Compile）鍵下方（圖 9-6）。做得好！你現在可以部署智能合約了！

完成智能合約的部署之後，你將無法回頭更改程式碼。如果有想要修正的地方，你必須使用新的程式碼部署一個新的智能合約。

編譯器圖案

圖 9-4
Remix 上等待編譯的
LittleBear.sol 原始碼

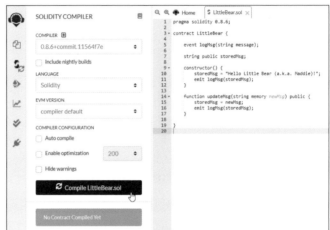

圖 9-5
Remix 上的 Solidity
編譯器

部署流程

在正式上陣前，先試著在本地Ganache環境（詳情請見第八章）練習
部署這份智能合約吧！

1. **在左方導覽列中點擊以太坊圖案（位於編譯器圖案下方）。**

   如此將開啟「部署與執行交易區」（Deploy & Run Transactions），
   如圖 9-7 所示。

2. 從「環境」（Environment）下拉選單選擇 Injected Web 3 選項：

記得同時也要

a. 在瀏覽器工具列點擊狐狸圖案，登入 MetaMask 瀏覽器擴充功能（圖 9-8）。

b. 連線至 Handsomely-Vessel 客制網路。

c. 選擇一個匯入的本地 Ganache 帳戶。我們使用了 Ganache HV1 這個帳戶。

 你必須同時開啟桌面上的 Ganache 應用程式並執行對應的工作區（在本範例中，指 Handsomely-Vessel 工作區）。

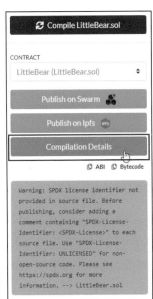

圖 9-6
在 Remix 上取得
編譯細節

3. 從智能合約（Contract）下拉選單選擇「LittleBear - LittleBear. sol」合約後，點擊「部署」（Deploy）鍵（圖 9-8）。

4. 在 MetaMask 彈出通知檢視交易內容後，點擊「確認」（Confirm），如圖 9-9 所示。

   點擊「確認」將會提交一筆交易，內容包含經編譯且不指定目的地址的位元組碼。交易所創建的合約帳戶會有自己的地址，可供未來使用。如果你發現還沒準備好要部署合約，只需點擊「拒絕」（Reject）就可以了。

以太坊圖案

圖 9-7
在 Remix 上部署與執行
交易

選擇帳戶　　　　　　　選擇客制網路

　　選擇環境　　　　　　　登入 MetaMask 瀏覽器

圖 9-8
在 Ganache 的
Handsomely-Vessel
工作區部署 LittleBear
合約

選擇智能合約　　　　　　　選擇匯入的本地 Ganache 帳戶

圖 9-9
確認在 Handsomely-
Vessel 工作區創建的
合約帳戶

現在這份智能合約將出現在「已部署合約」(Deployed Contracts)
標題下，你可以在此檢視並且互動 (9-10)：

● 點擊 storedMsg 來檢視目前儲存於狀態變數中的資訊。

● 點擊 updateMsg 來呼叫函式，更新儲存於 storedMsg 中的
文字 (圖 9-11)。

 執行 updateMsg 函式屬於 EVM 上的交易，需要
耗費 gas；另一方面，檢視 storedMsg 變數的內
容則不需耗費 gas。你會發現每次嘗試執行 updateMsg 函式時，
MetaMask 都會彈出通知要求確認。

既然你已經逐漸熟悉本地 Ganache 環境，現在我們該來依下列步驟，
把 LittleBear 智能合約部署到 Ropsten 測試網上了：

圖 9-10
在 Remix 上檢視已部署
合約

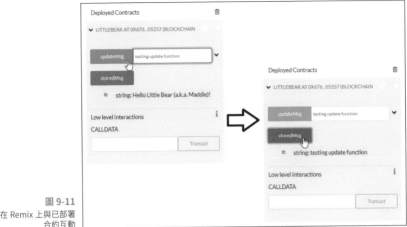

圖 9-11
在 Remix 上與已部署
合約互動

1. **點擊瀏覽器工具列上的狐狸圖案以開啟 MetaMask。**

2. **切換網路至 Ropsten 測試網路後，選擇你的測試網帳戶（創建測試網帳戶與存入 Ropsten 測試幣的方法，詳見第七章）。**

   如圖 9-12 所示，Remix 的「部署與執行交易區」的帳戶資訊會變更為你所選擇的帳戶。

3. **點擊「部署」（Deploy）並於 MetaMask 彈出的通知確認交易（圖 9-13）。**

    這次的交易挖礦時間會比較長，因為 Ropsten 測試網路上的區塊位於 Ganache 環境下的本地區塊鏈上，不會直接自動挖礦成功。

4. **讀取** `updateMsg` **函式以更新儲存的文字。**

   我們要進行兩項更新，一個是顯示「Hello Mama Kim！」，接著顯示「Hello Papa Kim！」。這兩項變動都會出現在事件日誌中（圖 9-17）。

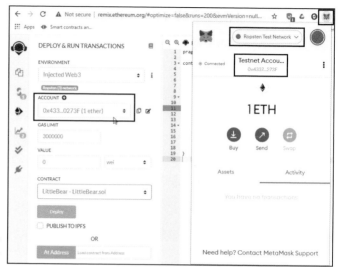

圖 9-12
在 Ropsten 測試網路上
部署 LittleBear 合約

確認測試網路

確認測試帳戶

圖 9-13
在 Ropsten 測試網路上
確認創建合約帳戶

5. 要在 Ropsten 區塊鏈上檢視新部署的 `LittleBear` 合約，點擊 `LittleBear` 標題右邊的雙頁圖案以複製合約帳戶地址（圖 9-14）。

本範例中的地址是 `0x1F922670Ce8bC699e780b9b12960Fb80F998573e`

6. 在瀏覽器中前往 `https://ropsten.etherscan.io`，將合約地址貼上至搜尋列後點擊「搜尋」（圖 9-15）。

如圖 9-16 所示，我們的智能合約共有 3 筆相關交易：一筆是創建合約的交易，接下來的兩筆是呼叫 `updateMsg` 函式的交易。你會發現最近的交易出現在最上方。

7. 點擊「事件」（Events）頁籤來檢視合約所建立的事件日誌。*提示：為顧及可讀性，可以使用下拉選單將日誌的產出由 `Hex`（十六進制）更改為 `Text`（文字），如圖 9-17 所示。*

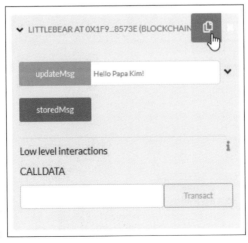

圖 9-14
透過 Remix 部署合約後
複製合約地址

大功告成！你已經成功將你的第一個智能合約部署到公鏈上了。如今你可以重複上述步驟，將這個合約部署到以太坊主網上。

而我們的介紹就到此打住，因為我們選擇將寶貴的（真正的！）以太幣省下來，也避免造成EVM額外的負擔，畢竟LittleBear合約除了示範如何部署智能合約以外沒有其他實質用途。

圖 9-15
Etherscan 上的
Ropsten 測試網探索器

圖 9-16
Etherscan 上顯示
Ropsten 測試網路上的
LittleBear 智能合約

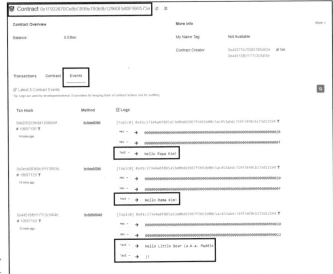

圖 9-17
LittleBear 的事件日誌

第 **10** 章
認識代幣標準

在這一章裡我們暫時不進行實務操作，改為介紹以太坊開發標準以及兩大廣泛使用的代幣標準：ERC-20與ERC-721。和前面一樣，我們強烈建議你完整閱讀本章，讓自己沉浸在各式代幣的行話裡面並且更深入了解實務操作時的指示。

話雖如此，這一章裡所介紹的知識對你持續打造自己的NFT來說並非必備，所以如果你真的等不及了，也可以直接跳到第十一章。

以太坊開發規格標準

由於以太坊生態圈的組成元素——智能合約、客戶端以及錢包服務——之間的相互依賴性強大而複雜，以太圈發展出一套提案並建立開發標準的程序，讓這些開發標準成為撰寫通用智能合約時的依循。

這並不是強迫你必須按照這些標準來開發代幣或分散式應用程式，但按照已建立的規則辦事的確會讓你輕鬆許多。

確保互通性與可組合性

所以標準化究竟如何影響開發呢？

首先，標準化能確保互通性（interoperability）。以太坊客戶端與錢包被設定來執行合約呼叫或接收代幣，依循公認的開發標準，能夠確保這個去中心化的網路中的所有元素彼此相容。這就好像不同發卡行所製發的信用卡，其大小與形狀都是統一的，如此便確保不同的信用卡處理器都能成功讀取信用卡，錢包中的信用卡夾層也都可以做成同一規格。

再來，標準化能促進可組合性（composability），即開發者可以將現有合約混合重組成一個有效的客制化解決方案。舉例來說，想像你正在組樂高，不同樂高塊上的凸粒與凹槽規格都是統一的，因此你可以拼出各種不同的創意作品。樂高無疑成功設計了一款具有高度可組合性的系統！

EIP 與 ERC 的基礎知識

要解釋兩個常見的詞彙「ERC-20」與「ERC-721」，我們得先從定義與描述以太坊改進提案（Ethereum Improvement Proposal, EIP）說起，因為以太坊意見徵求（Ethereum Request for Comment, ERC）

就是一種特殊的EIP。

想要提議新開發標準的開發者，必須先提交EIP草案給以太坊核心開發者進行審核。史上第一個EIP（編號EIP-1）對EIP的用途、所應包含的項目以及從發想到定案或撤案的工作流程都有論述（圖10-1）。這個流程參考了Python圈建立的Python改進提案（Python Enhancement Proposal, PEP）與比特幣圈建立的比特幣改進提案（Bitcoin Improvement Proposal, BIP）。

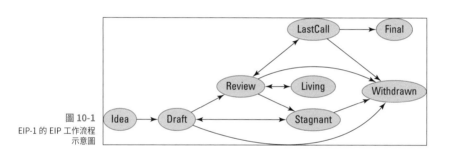

圖 10-1
EIP-1 的 EIP 工作流程
示意圖

每一個新的EIP不只對系統進行改善，也同時增進開發者對以太坊虛擬機（EVM）的長處與缺點的理解。EIP還能夠促進大家對擴大以太坊平台使用場景的創意發想。

下面我們介紹三種EIP類型及其範例：

>> **標準跟蹤EIP（Standards Track EIPs）**：表示所提出的更動會影響所有

或大部分以太坊網路上的活動。標準跟蹤EIP還分為以下4個重大子類，對系統及互通性的影響程度各有不同：

● **核心EIP（Core EIP）**：涉及共識層，即訂定交易進行的規則，最終指向整個網路如何達成對EVM的狀態與交易歷史的共識。

  例如EIP-2929調升了執行特定運算碼（opcode）所需的gas，核心EIP-3554則推遲了指數型增加挖礦難度（稱為「難度炸彈」，difficulty bomb）的時間。（按：難度炸彈是以太坊從POW過渡到POS時的凍結挖礦機制，透過增加出區塊的難度與時間來降低POW挖礦的效益。）

 第九章曾經介紹的運算碼是一種機器碼指令，提供可讀的作業程式碼以利後續處理。

● **網路EIP（Networking EIP）**：涉及網路層，訂定資訊交換的方式，以及資訊如何在以太坊網路的節點間傳播。

  例如網路EIP-2124「相容鏈檢測用分叉辨識器」（Fork identifier for chain compatibility checks），提供一個能夠有效率辨識相容節點的記錄與驗證機制。

● **介面EIP（Interface EIP）**：涉及應用程式介面（API）與遠端程序呼叫（RPC）層，訂定應用程式間的連結，以及應用程式如何在分散式網路上執行。介面EIP同時也與語言層級標準相關，這類標準管理程式碼中的方法（method name）以及運算如何提交給作業系統。

  例如EIP-6，因為認知到現實裡有心理健康方面的爭議，將原本的SUICIDE運算碼改名為SELFDESTRUCT；EIP-1193則導入JavaScript API的標準格式，確保以太坊錢包服務與網路應用程式間的相容性。

● **以太坊意見徵求（ERC）EIP**：涉及應用程式層，訂定標準以確保以太坊生態圈的不同應用程式間可以無縫互動與分享資訊。舉例來說，ERC EIP確保代幣與錢包服務間的相容性，也藉由提出智能合約函式庫與套件（package）的協定來促進可組合性。

  ERC EIP的例子包含有名的EIP-20（ERC-20），引進了同質化代幣的實作標準；EIP-721（ERC-721）則引進非同質化代幣的實作標準。

>> **元EIP（Meta EIP）**：概述以太坊的重大變動，並闡明以太圈對現行流程提出更動所需的程序。EIP-1就是元EIP的一個例子。

另一個元EIP的例子是將標準跟蹤EIP劃分為更細子類的EIP-4，其他的元EIP還包含一系列硬分叉元EIP（Hardfork Metas），這些EIP總括了共識層的重大升級。

>> **資訊EIP（Informational EIP）**：提供以太圈一般資訊或是建議指引。

例如EIP-2228「規範化network ID 1與chain ID 1的名稱」（Canonicalize the name of network ID 1 and chain ID 1）就建議用適當的名詞，把以太坊主要網路的稱呼標準化為「以太坊主網」（Ethereum Mainnet）或直接稱為「主網」（Mainnet）。

既然你已經對EIP有了基本概念，我們接下來要介紹的ERC，為目前在以太坊上發行代幣的主流標準。

認識標準代幣介面

代幣介面會簡述代幣合約中所要實作的函式與事件。當代幣、錢包服務與交易所都考量同樣的標準介面進行設計時，彼此就能輕易符合彼此的規格需求。在Solidity（我們在第九章中介紹的程式語言）中可以如下列方式宣告介面：

```
interface InterfaceName { }
```

介面看起來很像是合約的骨架，宣告了函示與事件但還沒有實作。

EIP-20於2015年11月19日發表，成為第一個在以太坊上被廣泛使用的

代幣標準——ERC-20代幣，提供了以太坊上同質化代幣的標準介面，後續有更多標準加強了其功能性。

許多著名的加密貨幣，如泰達幣（Tether，或稱USDT）與Chainlink（LINK），都是以此標準鑄造且持續以ERC-20（或加強版）代幣形式在以太坊區塊鏈上交易。另一方面，柚子幣（EOS）與幣安幣（BNB）一開始是ERC-20代幣，但在各自的區塊鏈平台建立後就轉換為該平台的原生代幣。截至2021年8月為止，以太坊上有超過445,000個ERC-20代幣合約。

受到ERC-20代幣標準啟發，為以太坊上的非同質化代幣提供標準介面的EIP-721應運而生。沒錯，這指的就是NFT！

ERC-20代幣標準下的代幣被視為彼此相同，所以可以替換。在ERC-721非同質化代幣標準下，每一個代幣都是獨一無二的資產，並各自擁有可辨識的tokenID。因為這種特性，數位收藏品如《謎戀貓》以及Art Blocks就此誕生。截至2021年8月為止，以太坊上有將近15,000個ERC-721代幣合約。

接下來的段落會更詳細地說明這兩種代幣標準。

ERC-20 代幣標準

代幣合約必須遵循ERC-20標準介面所包含的一些要點，才算符合

ERC-20的規範。所有的函式與事件都必須按照介面要求的命名規則宣告。

讓我們從必要的函式開始看起:

totalSupply()、name()、symbol()、decimals():這些函式會回傳儲存於各自同名狀態變數中的值,其中name()、symbol()與decimals()在這個介面中屬於非強制。

balanceOf(address _ owner):此函式回傳地址為 _ owner帳戶的餘額。

transfer(address _ to, uint256 _ value):這個函式會從呼叫者的帳戶傳送 _ value個代幣到地址為 _ to的帳戶。

transferFrom(address _ from, address _ to, uint256 _ value):此函式會從指定帳戶(_ from)傳送 _ value個代幣至另一個帳戶(_ to)。

approve(address _ spender, uint256 _ value):這個函式准許指定帳戶(_ spender)從呼叫者的帳戶提領最多 _ value個代幣。

allowance(address _ owner, address _ spender):這個函式會回傳目前 _ spender帳戶被允許從 _ owner帳戶提領的金額。

接下來讓我們看看 ERC-20介面宣告的事件吧:

Transfer(address indexed _ from, address indexed _ to, uint256 _ value):每當代幣從一個帳戶轉到另一個帳戶時,這個事件必須被呼叫。

```
Approval(address indexed _ owner, address indexed _
spender, uint256 _ value)：每當有帳戶允許另一個帳戶提領款項
時，這個事件必須被呼叫。
```

在ERC-20介面實作時，有些狀態變數必須同時儲存於代幣合約中。儘管必要函式與事件的命名必須依照介面規則，以下的狀態變數你可以按照介面最適合的實作方式宣告與定義：

» `balances[]`：儲存每個帳戶的代幣餘額，此變數屬於陣列（array）。

» `allowances[][]`：儲存了目前一個帳戶被允許從另一個帳戶提領的金額，此變數屬於矩陣（matrix）。

» `totalSupply`：儲存代幣的總供給量。

» `name`（非必要）：儲存代幣的名稱（例如泰達幣）。

» `symbol`（非必要）：儲存代幣的代稱（例如泰達幣代稱是USDT）。

» `decimals`（非必要）：儲存代幣所使用的小數位數，也就是代幣的可分性（divisibility）。

 你至少必須將ERC-20介面所宣告的函式與事件，按照介面的要求進行命名與實作。隨著實作的不同，可能會需要增加額外的函式與變數。ERC-20介面實作時所宣告的變數名稱，並不會影響代幣合約與其他使用相同標準設計的合約的互通性。

ERC-721 代幣標準

代幣合約必須遵循下列ERC-721與ERC-165介面所包含的要點，才算符合ERC-721的規範。所有的函式與事件都必須按照介面要求的命名規則宣告。

讓我們從必要的函式開始看起：

name()與symbol()：這些非必要函式會回傳儲存於各自同名狀態變數中的值。

balanceOf(address _owner)：這個函式會回傳地址為_owner帳戶中所擁有的NFT數量。

ownerOf(uint256 _tokenId)：這個函式會回傳持有指定NFT的_tokenId帳戶地址。

safeTransferFrom(address _from, address _to, uint256 _tokenId, bytes data)：此函式會將指定的NFT(_tokenId)從指定帳戶(_from)轉到另一個帳戶(_to)，同時也將資料轉給接收帳戶(_to)。

safeTransferFrom(address _from, address _to, uint256 _tokenId)：此函式會將指定的NFT(_tokenId)從指定帳戶(_from)轉到另一個帳戶(_to)。

transferFrom(address _from, address _to, uint256 _tokenId)：這個函式與safeTransferFrom函式類似，但不會確認接收帳戶(_to)是否能夠接收NFT。

approve(address _approved, uint256 _tokenId)：此函式允許

指定帳戶（_approved）傳送指定NFT（_tokenId）。

setApprovalForAll(address _operator, bool _approved)：
這個函式會切換指定帳戶（_operator）的權限，確認是否有權移轉你
帳戶內的所有NFT。

getApproved(uint256 _tokenId)：此函式會回傳有權移轉指定 NFT
（_tokenId）的帳戶地址。

isApprovedForAll(address _owner, address _operator)：
這個函式會檢查某帳戶（_operator）是否有權移轉另一個帳戶（_
owner）中的所有NFT。

supportsInterface(bytes4 interfaceID)：此函式來自ERC-165，
用以偵測標準介面。

接下來讓我們看看 ERC-721介面宣告的事件吧：

Transfer(address indexed _from, address indexed _
to, uint256 indexed _tokenId)：每當NFT由一個帳戶轉到另一個
帳戶，這個事件必須被呼叫。

Approval(address indexed _owner, address indexed _
approved, uint256 indexed _tokenId)：每當有帳戶允許將NFT
所有權移轉給另一個帳戶時，這個事件必須被呼叫。

ApprovalForAll(address indexed _owner, address
indexed _operator, bool _approved)：每當有帳戶允許或拒絕
另一個帳戶存取名下所有的NFT時，這個事件必須被呼叫。

在ERC-721介面實作時，有些狀態變數必須同時儲存在代幣合約中。

儘管必要函式與事件的命名必須依照介面規則，以下的狀態變數你可以按照介面最適合的實作方式宣告與定義：

>> owners[]：儲存與每個NFT對應的持有者帳戶地址，此變數屬於陣列。

>> balances[]：儲存每個帳戶中所持有的NFT數量，此變數屬於陣列。

>> tokenApprovals[]：儲存目前每個被賦予NFT移轉權的帳戶地址，此變數屬於陣列。

>> operatorApprovals[][]：追蹤某帳戶是否被允許移轉另一個帳戶的所有NFT，此變數屬於矩陣。

>> name(非必要)：儲存NFT的集合名稱（例如謎戀貓）。

>> symbol(非必要)：儲存NFT的代稱（例如謎戀貓代稱是CK）。

再度說明，你至少必須將ERC-721與ERC-165介面所宣告的函式與事件，按照介面的要求進行命名與實作。隨著實作的不同，可能會需要增加額外的函式與變數，你可以按照介面最適合的實作方式宣告與定義。

其他以太坊上使用的代幣標準

隨著同質化與非同質化代幣的大肆流行，不同的實作持續提供更多的功能性與優化。其中有些特徵後來正式成為代幣標準，可能是提供全新的標準（例如多重代幣標準），也可能是改善原本的同質化或非同質化代幣介面，成為新的標準介面。

以下提供幾個已經定案成為標準的例子：

» **ERC-777代幣標準：**這個標準引進了進階功能且反向相容（backward-compatible）的ERC-20同質化代幣介面，有些功能是受到ERC-721非同質化代幣標準的成功所帶動。

舉例來說，ERC-777介面指定了一個函式，可以賦予帳戶代表另一帳戶行使代幣移轉權的權力。

» **ERC-1363應付代幣標準：**引進了一個ERC-20代幣介面，每當成功呼叫 `transfer`、`transferFrom`或`approve`函式的時候，就會自動執行程式碼。

» **ERC-2981 NFT權利金標準：**引進ERC-721與ERC-1155非同質化代幣介面，每當標的NFT賣出時，立即支付指定權利金金額給指定收款人。

» **ERC-1155多重代幣標準：**引進合併的介面來管理同質化、非同質化以及半同質化代幣（類似限量發行的概念）。

隨著代幣使用的持續擴展以及新使用場景的具體化，將來勢必會看到更多有趣又精彩的代幣標準！

第 11 章

打造 ERC-721 代幣

本章將帶你完成開發、編譯與部署你的第一份非同質化代幣合約。要成功跟上本章裡面的逐步教學，你事先得完成一些重要步驟。我們假設你已經確實完成第七章到第九章中所有必要的實務操作部分。

撰寫與編譯你的個人 NFT

因為代幣合約是一種特殊的智能合約，你的NFT旅程將會從第九章的〈萬事俱備——發表你的智能合約〉開始。若有任何疑問，可以回到第九章參考檔案創建與編譯的圖解說明。

程式碼

建立代幣合約時，記得一定要先啟動Remix環境。現在就按照下列步驟開始吧：

1. **前往** `http://remix.ethereum.org`。

    要輸入 http://（沒有 s）而不是 https://（有 s），否則 Remix 無法登入 MetaMask。

2. **點擊主頁「檔案」（File）標題下的「新檔案」（New File）連結，或者你也可以在頁面左邊的「檔案總管區」（File Explorers）找到新檔案的圖案。**

   新檔案將出現在檔案總管區，等待你輸入新檔名。

3. **使用游標點擊空白文字方塊，輸入「NFTFD.sol」後按下確認鍵（Enter）。**

   完成後會出現一個含有檔名的新頁籤。

    副檔名 .sol 表示是 Solidity 原始檔案（第九章有針對 Solidity 的詳細介紹）。

    視窗左方的工具列上有一個雙頁圖案，點擊這個圖案可以隨時帶你回到檔案總管區。

4. **在新創建的** `NFTFD.sol` **檔案輸入以下程式碼：**

```solidity
pragma solidity ^0.8.0;
import "https://github.com/OpenZeppelin/openzeppelin-
    contracts/blob/master/contracts/token/ERC721/extensions/
    ERC721URIStorage.sol";


contract NFTFD is ERC721URIStorage {
    address public founder
```

```solidity
constructor() ERC721("NFTs for Dummies", "NFTFD") {
        founder = msg.sender;
        for (uint tokenID=1; tokenID<=5; tokenID++) {
            _mint(founder, tokenID);
            _setTokenURI(tokenID, "NFTFD Limited
Edition Initial Release");
        }
}
function mintNFT(
        address to,
        uint256 tokenID,
        string memory tokenURI
)
        public
{
        require(msg.sender == founder, "not an
authorized minter");
        _mint(to, tokenID);
        _setTokenURI(tokenID, tokenURI);
}
}
```

import "[…]/ERC721URIStorage.sol"，這一列程式碼必須完整不間斷。

為了避免手誤，可以到 www.seoyoungkim.com/nftfdcode.html 直接將這段程式碼複製貼上。

Solidity 有區分大小寫，因此 ERC721URIStorage 與 erc721uristorage 在編譯時的處理是不同的。

5.  **點擊最左邊導覽列中的 Solidity 編譯器圖案，將剛才輸入的原始碼進行編譯。**

你可以直接在檔案總管區的雙頁圖案下方找到 Solidity 編譯器圖案。

6. **在 Solidity 編譯器瀏覽區點擊「編譯 NFTFD.sol」(Compile NFTFD.sol)。**

 這個合約的編譯細節位於「編譯 NFTFD.sol」鍵下方。這一次，當你點擊畫面上的合約下拉選單時，除了 NFTFD 以外還會出現下列合約名稱 (圖 11-1)：

» ERC721URIStorage

» ERC721

» IERC721

» IERC721Receiver

» IERC721Metadata

» Address

» Context

» Strings

» ERC165

» IERC165

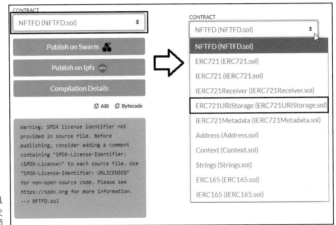

圖 11-1
Remix 上的 NFTFD 與父
合約編譯細節

TECHNICAL STUFF

如果仔細研究我們在步驟4輸入的原始碼，你會發現有一列寫著contract NFTFD is ERC721URIStorage {。這是在告訴你ＮＦＴＦＤ合約是直接從預先建置的父合約ERC721URIStorage衍生而來。ERC721URIStorage是從 https://github.com/OpenZeppelin/openzeppelin-contracts/blob/master/contracts/token/ERC721/extensions/

ERC721URIStorage.sol匯入的，是ERC721父合約的衍生，而ERC721又是從上述名單中的其他介面與合約衍生出來的。

程式碼詳盡解析

接下來我們逐段解釋代幣合約所使用的NFTFD.sol程式碼。在不導致意外損害的前提下，我們也會提供一些程式碼客製化的小撇步。

```
pragma solidity ^0.8.0;
```

I. Solidity版本的編譯指示只允許Solidity 0.8.x下的版本（包含0.8.0及後續版本，但僅限於 0.9.0 之前）對原始碼進行編譯。

```
import "https://github.com/OpenZeppelin/
    openzeppelin-contracts/blob/master/contracts/
    token/ERC721/extensions/ERC721URIStorage.sol";
```

II. 程式碼的下一行，指示編譯器從 OpenZeppelin 的智能合約函示庫匯入 ERC721URIStorage 合約。我們會用這個合約為基底，衍生出我們自己的代幣合約。

如果你造訪上述網址瞧瞧ERC721URIStorage.sol裡的程式碼，你會發現ERC721URIStorage本身是從OpenZeppelin匯入ERC721實作後衍生而來，而ERC-721是從https://github.com/OpenZeppelin/openzeppelin-contracts/blob/master/contracts/token/ERC721/ERC721.sol匯入。

ERC721URIStorage合約加強了ERC721的功能性，為每個代幣增加了

設定與儲存額外代幣資訊（tokenURI）的方法。（按：URI是uniform resource identifier的簡稱，中文為「統一資源標識符」，是用於標識某一網際網路資源名稱的字元串。）

```
contract NFTFD is ERC721URIStorage {
```

III. 接下來，我們要定義 NFTFD 合約。程式碼透過關鍵字 is，指定我們的新合約是從父合約 ERC721URIStorage 衍生出來的（ERC721URIStorage 合約位於我們在上個步驟所匯入的 .sol 檔中）。這個功能稱為繼承（inheritance）。Solidity 允許多重繼承，一個合約可以直接或間接繼承多個其他合約：

» **間接繼承：**我們的NFTFD合約在直接繼承ERC721URIStorage的同時，也間接繼承了ERC721URIStorage的「爸爸」ERC721。

» **直接繼承：**你可以透過用逗號分隔的清單，列出所有想要直接繼承的父合約。

你不一定要跟我們一樣將代幣合約命名為NFTFD，更名並不影響指令或程式碼的其他部分。

```
address public founder;
```

IV. 這一列宣告 founder 這個公有狀態變數，型別為 address。這個變數被指定為代幣創建人的帳戶地址，用以確保只有創建人的帳戶有能力鑄造新的代幣。

```
constructor() ERC721("NFTs For Dummies", "NFTFD")
    {
```

V. 這一塊程式碼宣告 constructor() 這個特殊的函式，只有在合約初始時執行一次。宣告裡面還有額外的敘述 ERC-721("NFTs For Dummies", "NFTFD")，這部分分別指定了 ERC721 的 constructor 函式中所使用的名稱與代號。

💡 TIP
你可以隨意更改代幣的名稱與代號，不必擔心會與程式碼的其他部分產生衝突。直接在上述 constructor()宣告中把「NFTs For Dummies」與「NFTFD」替換成你喜歡的即可。

```
founder = msg.sender;
```

VI. 現在我們來看看 constructor() 函式的內容。表示函式開頭的花括號後緊接的第一列程式碼，將儲存在 founder 狀態變數中的地址初始化為 msg.sender，裡面包含了啟動這筆交易的帳戶地址。具體地說，msg 是包含現有交易資訊的全域變數（global variable），而 sender 是這個物件（object，在 Solidity 中稱為資料結構〔struct〕）的一員。由於這一列程式碼屬於 constructor() 函式的一部分，因此基本上是將部署代幣合約的帳戶地址儲存在 founder 狀態變數中。

```
for (uint tokenID=1; tokenID<=5; tokenID++) {
        _mint(founder, tokenID);
        _setTokenURI(tokenID, "NFTFD Limited Edition
    Initial Release");
}
```

VII. 下一塊程式碼實作 for 迴圈，重複創建新的代幣，編號分別為1、2、3、4、5。

你可以調整創建代幣的數量，只要更動for迴圈程式碼中tokenID<=5中的數字5部分即可。**但請小心！**選用一個很大的數字將會大幅增加部署代幣合約所需的時間與gas。

在這個for迴圈中，_mint(founder, tokenID)函式的呼叫會創建新的代幣，以數字辨識tokenID，並且指定founder的地址為新代幣的持有者。而_setTokenURI(tokenID, "NFTFD Limited Edition Initial Release")函式的呼叫則將「NFTFD Limited Edition Initial Release」字串（string）作為特定代幣資訊，儲存在擁有數字辨識tokenID的代幣內供往後取用。_mint與_setTokenURI函式最初分別定義於ERC721與ERC721URIStorage兩個父合約中。

你可以將「NFTFD Limited Edition Initial Release」替換為你想要的字串，只要在對應位置直接輸入取代的字串即可。

```
}
```

VIII. 在繼續定義下一個函式之前，在結尾用花括號完成constructor()函式。

```
function mintNFT(
    address to,
    uint256 tokenID,
    string memory tokenURI
```

```
    )
    public
```

IX. 這一塊程式碼宣告公有函式 mintNFT()，可接受三種引數——
to、tokenID 及 tokenURI，型別分別為 address、uint256 與
string。

```
    {
        require(msg.sender == founder, "not an authorized
        minter");
        _mint(to, tokenID);
        _setTokenURI(tokenID, tokenURI);
    }
```

X. 這塊程式碼實作 mintNFT() 函式。

第一列指定程式碼在執行前必須滿足的前提。Solidity內建的
require函式將決定發布mintNFT(to, tokenID, tokenURI)函
式呼叫的帳戶是否為合法創建人，如果這個條件沒有被滿足，呼叫者將
收到「非合法鑄造者」的訊息，函式呼叫將不會被執行並直接結束。

假設條件被滿足，_mint(to, tokenID)函式的呼叫將創建擁有
數字辨識tokenID的代幣，並指定地址為to的帳戶為新代幣持有
者。接下來，_setTokenURI(tokenID, tokenURI)函式的呼叫
將tokenURI中儲存的字串作為特定代幣資訊，儲存在有數字辨識
tokenID的代幣內供往後取用。

```
    }
```

XI. 當然，在最後別忘了在結尾用花括號完成這一塊合約程式碼。

部署你的個人 NFT

在完成原始碼的輸入與編譯後，就可以讓位元組碼正式上線了！

在繼續之前，複習一下第七章與第八章有關網路切換與在MetaMask上切換帳號的內容可能會對你有所幫助。你也許也會想複習一下第九章關於部署智能合約的部分。

在 Ganache 上部署

讓我們從在本地Ganache環境中部署代幣合約開始吧！

記得開啟桌面上的Ganache應用程式並執行對應的工作區。在本範例中，我們指的是逐步教學中通篇使用的Handsomely-Vessel工作區（詳見第八章）。

1. **登入 MetaMask 瀏覽器擴充功能。**

2. **連線至 Handsomely-Vessel 客制網路，並點擊 MetaMask 介面右上方的彩色圈圈以選擇一個你匯入的本地 Ganache 帳戶。**

   我們會繼續使用帳戶開頭為 0x655E[...] 的 Ganache HV1 帳戶來說明（圖 11-2）。

圖 11-2
MetaMask 顯示
Handsomely-Vessel 網
路上的 Ganache HV1
帳戶

圖 11-3
在 Remix 上選擇的
Ganache 環境與帳戶

3. 在 Remix 瀏覽器頁面點擊最左方導覽列上的以太坊圖案，前往「部署與執行交易區」（Deploy & Run Transactions）。

4. 從環境下拉選單選擇「Injected Web3」。

所選擇的帳戶會出現在「帳戶」（Account）下拉選單中，我們所使

用的帳戶開頭為 0x655E[...]（圖 11-3）。

5. **從「合約」(Contract)下拉選單選擇經編譯的 NFTFD 合約，點擊「部署」(Deploy)。**

6. **在 MetaMask 彈出視窗點擊「確認」繼續。**

好極了！你已成功將NFTFD部署到你的本地Handsomely-Vessel區塊鏈上。當然，你可能會覺得整個過程相當快速，畢竟Ganache會自動挖礦來加速測試與探索的進度。

在「部署與執行交易區」的「部署」鍵下方，會顯示已部署的NFTFD合約及其公有函式與資訊（圖11-4）。

圖 11-4
NFTFD 合約的公有函式
與資訊

除了稍早在本章〈程式碼詳盡解析〉段落中說明的 mintNFT函式與founder狀態變數外，合約的其他部分都屬於我們在第十章介紹的標準ERC-721介面的範疇。

圖11-4的選單讓你可以與新部署的代幣合約互動，有部分的互動是免費的，其餘的則需要消耗gas，你可以隨意操作看看有什麼新發現。我們會在下一階段的〈Ropsten測試網〉段落做更深入的介紹並且提供更多圖解說明！

在 Ropsten 上部署

我們現在要轉換跑道進入Ropsten測試網路囉！

首先，把MetaMask錢包連線至Ropsten測試網路，接著選擇一個有Ropsten測試幣餘額的帳戶（我們在第七章有介紹如何創建帳戶並注入資金）。我們會繼續使用先前的測試網帳戶，帳戶地址為0x43371B75585785D62e3a50533aa15ee8D350273F（圖11-5）。

現在我們切換回Remix瀏覽器頁面的「部署與執行交易區」，並執行以下步驟：

1. **從「環境」（Environment）下拉選單選擇「Injected Web3」。**

   在 MetaMask 上選擇的帳戶會出現在「帳戶」下拉選單裡，我們使用的帳戶是 0x43371B75585785D62e3a50533aa15ee8D350273F（圖 11-6）。

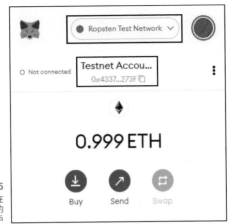

圖 11-5
MetaMask 顯示我們在
Ropsten 測試網路上的
測試網帳戶

圖 11-6
在 Remix 上選擇的
Ropsten 環境與帳戶

2. 從「合約」（Contract）下拉選單選擇經編譯的 NFTFD 合約，點擊「部署」（Deploy）。

3. 在 MetaMask 彈出視窗點擊「確認」（Confirm）繼續（圖 11-7）。

非常好！當交易在Ropsten執行完成後，就會在「部署與執行交易區」的已部署合約（Deployed Contracts）清單出現。點擊合約名稱右方的雙頁圖案，儲存合約地址（圖 11-8）。

圖 11-7
確認在 Ropsten 測試網
路上部署合約

圖 11-8
複製新部署合約的地址

我們使用的合約地址為0xd4139A846b5561c31df03FbbCE3583f1A
7d8A814，後續我們會討論如何使用這個地址來持續追蹤你的合約並
與之互動。

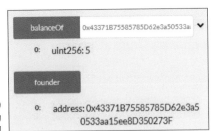

圖 11-9
與 Ropsten 上部署的
NFTFD 合約互動

 WARNING 執行的等待時間通常少於1分鐘，但也可能有相當大的變數，請保持耐心！如果網路超過10分鐘仍沒有反應，可以稍後再試。

與在本地Ganache區塊鏈上部署NFTFD合約時相同，在Ropsten上部署的合約也會有公有函式與資訊的清單。

舉例來說，當你點擊「創建者」（founder），可以看到部署代幣合約的帳戶地址。你也可以將這個地址貼至「balanceOf」欄位，進而得知此帳戶有5枚代幣，如圖11-9所示（還記得我們的程式碼初始產生了5枚代幣嗎？）。這類的資訊呼叫不需要消耗gas。

如果繼續使用創建者帳戶來與這份合約互動，便可以使用「鑄造NFT」（mintNFT）鍵來創建新的NFTFD代幣，但要記得這會消耗gas。以下說明如何操作：

1. **點擊鑄造 NFT 鍵右方的向下箭頭（圖 11-10）。**
2. **填入下列函式參數（圖 11-11）：**

a. to: 0x885b0F6065B2cD6655eDcc2F7A12062b1ca79d97

這個地址連結到我們用 MetaMask 創建的另一個測試帳戶，你也可以使用任意帳戶。但如我們在第七章討論的，為了避免混淆，我們強烈建議不要把不同網路上的數位資產混到同一個帳戶內。

b. tokenID: 17760704

c. tokenURI: https://en.wikipedia.org/wiki/Independence _ Day _ (United _ States)

3. **點擊「處理」（Transact），接著在 MetaMask 彈出視窗點擊「確認」（Confirm）。**

很好！你已經創建並送出一枚新的NFTFD代幣。

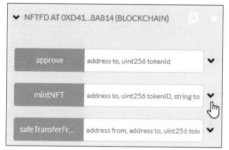

圖 11-10
擴展 **NFTFD** 合約中的函式參數

圖 11-11
mintNFT 函式的參數

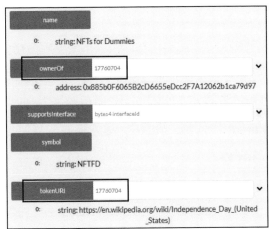

圖 11-12
取得代幣 **17760704** 的
資訊

圖 11-13
試圖確認不存在的代幣
持有人所產生的
錯誤訊息

你可以確認這枚代幣的持有人與URI，只需在ownerOf與tokenURI
的欄位輸入17760704，這是上述範例步驟2所輸入的tokenID（圖11-
12）。如果將17760704改為輸入1或是5，得到的資訊將會改變，因為
那些代幣屬於創建者帳戶所有。如果嘗試查詢不存在的代幣持有者，
Remix會產生錯誤訊息（圖11-13）。

你也可以透過MetaMask錢包追蹤所持有的NFTFD代幣。首先要確
認你位於MetaMask錢包內的Ropsten測試網路與正確帳戶，在此我們

以用來部署NFTFD合約的測試網帳戶0x43371B75585785D62e3a5053
3aa15ee8D350273F作為範例，並在MetaMask上進行以下操作：

1. **點擊靠近帳戶頁面底部的「資產」（Assets）頁籤，然後點擊「新增
   代幣」（Add Token），如圖 11-14 所示。**

2. **在出現的「新增代幣」頁面中，輸入適當的代幣合約地址（圖 11-
   15）。**

   我們使用的代幣合約地址是 0xd4139A846b5561c31df03Fb
   bCE3583f1A7d8A814。輸入合約地址後，「代幣代稱」（Token
   Symbol）欄位會自動顯示 NFTFD。

圖 11-14
在 MetaMask 錢包新增
代幣類型

圖 11-15
在 MetaMask 錢包指定
新代幣類型的客制細節

3. **在「代幣小數位」(Token Decimal) 欄位輸入 0,然後點擊「下一步」 (Next)。**

   下一頁將會顯示新增的代幣與這個帳戶的代幣餘額。

   > **REMEMBER** 與同質化代幣不同,每個 NFT 都是獨一無二且無法被分割的(請詳第一章),因此 NFT 的「代幣小數位」欄位設定為 0。

4. **點擊「新增代幣」(圖 11-16)。**

   此後每當你查看帳戶名下資產時,除了測試幣之外還有 5 枚 NFTFD (圖 11-17)。

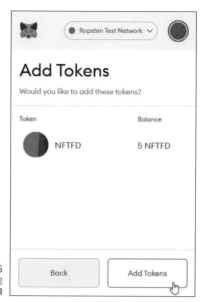

圖 11-16
在 MetaMask 錢包確認
新代幣類型與帳戶餘額

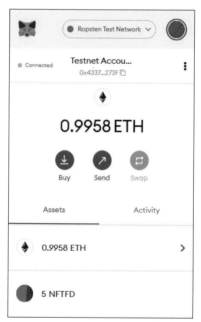

圖 11-17
Ropsten 測試網路上的
測試網帳戶新餘額

如第七章討論的「消失的帳戶餘額」，測試網帳戶內的NFTFD餘額只有在我們連線至Ropsten測試網路時才會顯示，因為NFTFD代幣合約（0xd4139A846b5561c31df03FbbCE3583f1A7d8A814）是在Ropsten上部署的，所以在其他網路上並不存在。

舉例來說，當你連線到以太坊主網時，測試網帳戶內的測試幣與NFTFD餘額都會消失（圖11-18）。

為求圓滿，我們重新執行前述的步驟，將NFTFD代幣餘額新增到我們的第二個測試帳戶（0x885b0F6065B2cD6655eDcc2F7A12062b1ca79d97），也就是我們在合約初始後，為其特別鑄造17760704代幣的帳戶。不意外地，MetaMask顯示這個帳戶的NFTFD餘額為1（圖11-19）。

以下簡述使用到的各個地址與創建的代幣，方便你釐清統整：

» **在Ropsten上用來部署NFTFD合約的帳戶：**0x43371B75585785D62e3a50533aa15ee8D350273F

» **第二個測試帳戶：**0x885b0F6065B2cD6655eDcc2F7A12062b1ca79d97，這個帳戶被給予特別鑄造的代幣（代幣編號為17760704）。

» **Ropsten上的NFTFD合約帳戶：**0xd4139A846b5561c31df03FbbCE3583f1A7d8A814

» **一共有6枚NFTFD**：1、2、3、4、5與17760704。

其中，代幣1、2、3、4、5於合約初始時創建，URI字串為NFTFD Limited Edition Initial Release，由創建者0x43371B75585785D62e3a50533aa15ee8D350273F持有。

第六個代幣（17760704）由創建者帳戶於合約初始後鑄造，並由另一個帳戶0x885b0F6065B2cD6655eDcc2F7A12062b1ca79d97持有。

其中最重要的是**合約帳戶的地址**。如果你之後想要偶爾追蹤或繼續與這個合約互動，你會需要這項資訊。

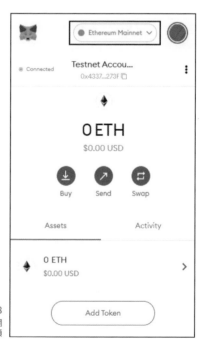

圖 11-18
以太坊主網上的測試網
帳戶餘額

圖 11-19
Ropsten 測試網路上
0x885b0F6065B2cD6
655eDcc2F7A12062b
1ca79d97 帳戶的帳戶
餘額

在 Mainnet 上部署

如果你有足夠的以太幣可揮霍，你也可以把代幣合約部署到以太坊主網上。

在主網上部署的步驟與前述在Ropsten上部署的步驟幾乎相同，主要的差異在於你必須連線至以太坊主網，並且擁有內含真正以太幣的帳戶。

另外，當你試圖在主網上部署合約時，Remix會彈出警告視窗以確認你知道即將在主網上進行交易（圖11-20）。

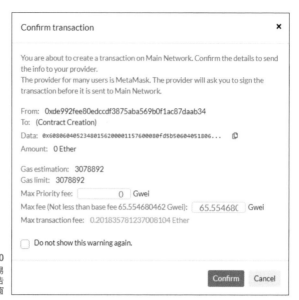

Confirm transaction ✕

You are about to create a transaction on Main Network. Confirm the details to send
the info to your provider.
The provider for many users is MetaMask. The provider will ask you to sign the
transaction before it is sent to Main Network.

From: 0xde992fee80edccdf3875aba569b0f1ac87daab34
To: (Contract Creation)
Data: 0x60806040523480156200011576000080fd5b50604051806... ⧉
Amount: 0 Ether

Gas estimation: 3078892
Gas limit: 3078892
Max Priority fee: [0   ] Gwei
Max fee (Not less than base fee 65.554680462 Gwei): [65.55468C] Gwei
Max transaction fee: 0.201835781237008104 Ether

☐ Do not show this warning again.

[Confirm] [Cancel]

圖 11-20
試圖在主網上進行交易
時 Remix 彈出的警告
視窗

若你點擊「確認」（Confirm），隨後會出現MetaMask通知，概述合約
部署預計所需的礦工費（圖11-21）。這個通知與在Ropsten上部署合
約時所收到的類似（圖11-7），只不過MetaMask如今也提供了預計所
需的以太幣換算成等值美元的金額。在主網上部署NFTFD合約的建議
礦工費是0.202058 ETH，也就是約642.44美元。（唉，我們沒有足夠
的資金部署到主網上啊⋯⋯）

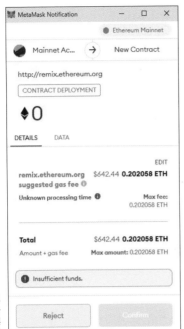

圖 11-21
在主網上部署 **NFTFD** 合約預計所需的礦工費與等值美元

培育你的個人 NFT

一旦部署了第一個NFT，往後你就可以持續追蹤並與這個合約互動。為求簡化，我們會用先前在Ropsten測試網路上部署的NFTFD合約（合約地址為0xd4139A846b5561c31df03FbbCE3583f1A7d8A814）來概述追蹤合約的步驟。

在主網上追蹤已部署的合約和與之互動的步驟幾乎相同。接下來的步驟中，Ropsten與主網的差異處我們也會特別註明。

在區塊鏈上追蹤你的 NFT

按下列步驟檢視所有關於你的NFT的資訊與活動：

1. **前往** https://ropsten.etherscan.io。

   註：要檢視部署於主網上的合約，請前往 https://etherscan.io

2. **將合約地址貼至搜尋列後按下確認鍵（圖 11-22）。**

   或者，你也可以直接將合約地址加到 https://ropsten.etherscan.io/address 的「address」處。以我們為例，會得到以下結果：https://ropsten.etherscan.io/0xd4139A846b5561c31df03FbbCE3583f1A7d8A814。

   完成後會出現新的頁面，顯示合約創建者、與此合約相關的交易以及被記錄到日誌中的合約事件。

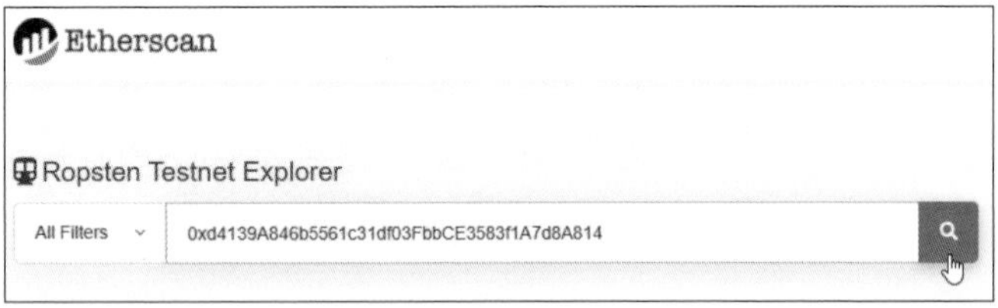

圖 11-22
在 Ropsten 上尋找你的合約

3. **點擊右上方「更多資訊」（More Info）區內的「代幣追蹤器」（Token Tracker），如圖 11-23 所示。**

   或者，你也可以直接將合約地址加到 https://ropsten.etherscan.io/token 後面。以我們為例，會得到以下結果：https://ropsten.etherscan.io/token/0xd4139A846b5561c31df03FbbCE3583f1A7d8A814。

完成後會出現新的頁面，顯示代幣移轉與持有的資訊。

圖 11-23
Etherscan 提供的基本
合約資料

例如你可以在「移轉」（Transfers）頁籤看到一共有 6 筆交易（圖 11-24），你會發現代幣 1、2、3、4、5 被指定給創建者帳戶（0x43371B 75585785D62e3a50533aa15ee8D350273F），而後來鑄造的代幣 17760704 則被指定到另一個帳戶（0x885b0F6065B2cD6655e

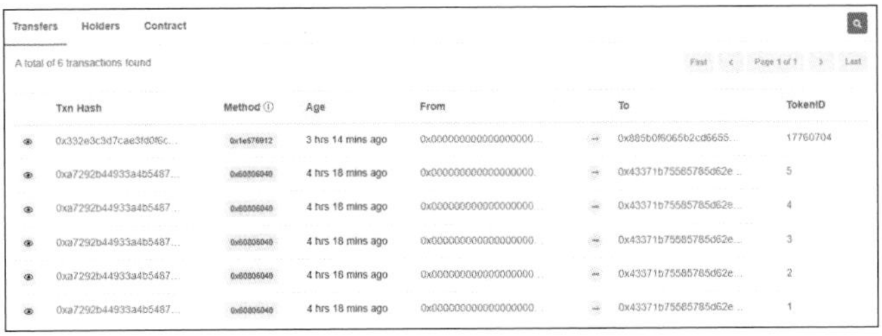

圖 11-24
Etherscan 提供的
NFTFD 代幣移轉資訊

```
Dcc2F7A12062b1ca79d97)。
```

在「持有者」(Holders)頁籤中，則看到此代幣經濟下所有的代幣持

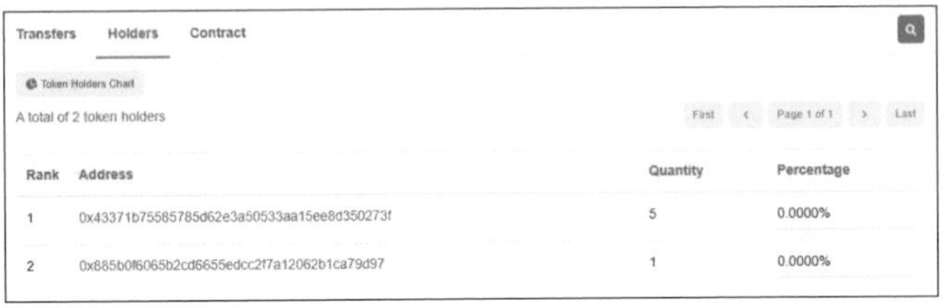

圖 11-25
Etherscan 提供的
NFTFD 代幣持有者資訊

有者及其各自的代幣餘額（圖 11-25）。

換句話說，在你的代幣經濟成長的同時，你也可以追蹤所有的交易與變更！

與你的 NFT 互動

如果你之後還想要跟你的NFT互動（也許是為了鑄造更多代幣），你需要重新編譯合約的程式碼並回到Remix的「部署與執行交易區」：

1. **使用對應的帳戶與網路登入 MetaMask 錢包。**

2. **前往 http://remix.ethereum.org。**

3. **雙擊 NFTFD.sol 檔案來開啟先前創建的合約程式碼，並在 Solidity 編譯器下編譯原始碼。**

4. **點擊最左邊導覽列上的以太坊圖案，前往「部署與執行交易區」。**

5. **選擇「Injected Web 3」變更環境，並確保你已連結至對應的網路 與帳戶。**

如圖 11-26 所示，我們目前位於 Ropsten 測試網（圖 11-26 裡的第一個框框），因為我們的 NFTFD 合約是在此部署的。

註： 要與在主網上部署的合約互動，需先在 MetaMask 上變更你的網路設定。

6. **不需要再部署一個 NFTFD 合約，只需要將合約地址貼至靠近「部署與執行交易區」底部的「合約所處地址」（At Address）欄位後點擊「確認」即可（圖 11-26）。**

   我們依上述步驟查詢我們的合約（0xd4139A846b5561c31df03FbbCE3583f1A7d8A814）這個合約就出現在已部署合約的清單內（圖 11-27）。

大功告成了！現在你可以繼續鑄造更多代幣、移轉現有代幣或是直接取得儲存在NFTFD合約中的基本資訊。

圖 11-26
確認先前部署的 NFTFD
合約位置

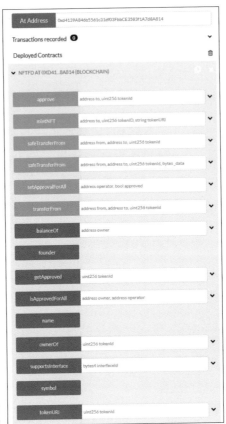

圖 11-27
再度與 **NFTFD** 合約互動

4

10 大專區

在這一部分你將會：

認識 10 個成長最快的 NFT 平台

探索 10 個（曾經是）史上最昂貴的 NFT

» 在這些市集上購買、創建與販售NFT

» 衡量每個市集的優點與缺點

第 12 章
10 個 NFT 交易市集

NFT交易如同風暴般席捲全世界，而且市場演化非常快速。本章介紹10個最受矚目、可供創建以及收藏NFT的交易平台。你可以自行評估各個平台的優缺點，以便創建、交易與收藏相關NFT。

NFT是一個重大的經濟發明，讓有創意的人不論身在何處，都能在創作並分享作品的同時還可以收取費用。這種型態的交易出現的契機，部分原因是經濟受到2020年新冠肺炎的影響。但發展到如今，藝術創作者以及收藏家已經享受到這項新科技帶來的成果，未來這種交易方式將會成為常態。

OpenSea 交易市集

OpenSea交易市集（https://opensea.io）是第一個也是最大的加

密收藏品點對點（P2P）交易平台，自2018年起就成為全世界最受歡迎的NFT交易市集之一（P2P平台由生態系支持者所掌控，兩者之間類似合作性質）。

OpenSea有許多工具可供

>> **消費者**自由交易彼此的資產

>> **創作者**發表新數位作品

>> **開發者**為數位資產建構多樣且完整的交易市集

平台對使用者而言相當友善，只需要設定幾個作品分類就可以上傳個人藝術創作。作品上傳後，創作者即會被賦予代幣所有權，可以在這個市集立即進行交易。OpenSea平台與開放式區塊鏈標準相容；換句話說，你可以在其他交易平台創作作品後再於OpenSea上架，無需負擔作品上架費用或忍受繁瑣累人的上架流程。但作品完成交易後，OpenSea會收取一些費用。

費率是多少呢？一般而言，當有人在OpenSea購買NFT時，公司會收取售價2.5%的費用。但NFT的原創者也可以選擇對該作品的後續買賣抽取費用，如此一來，就可以為自己掙得源源不斷的權利金收入。

OpenSea交易平台的缺點是不能夠使用信用卡或PayPal支付。使用者必須已經擁有加密貨幣或事前購買一些，才可以進行交易。

而OpenSea的優點是有引薦親友的獎勵制度：如果你引薦的親友完成購買交易，你可獲得OpenSea因為此交易所收到的費用之40%到100%作為報酬。

Axie Infinity 交易市集

Axie Infinity交易市集（https://axieinfinity.com）支援由越南Sky Mavis工作室所開發的Axie Infinity線上遊戲。這個交易市集雖然只販售Axie Infinity遊戲生態圈的角色和物品，但依舊是世界上最受歡迎的NFT交易平台之一。

在這個靈感源自寶可夢的遊戲中，玩家可以經由參與遊戲以及對生態圈的貢獻程度獲得代幣。Axie Infinity有兩種加密貨幣：「Axie無限碎片」（Axie Infiniti Shard, AXS）以及「小愛情魔藥」（Small Love Potion, SLP）。遊戲貨幣在遊戲中可以用來戰鬥、採集、撫育以及為你的Axie寵物建立一片王國。

Axie Infinity遊戲和傳統遊戲最大的不同之處，是其以玩家為中心的經濟體系。遊戲當中，系統會根據玩家對生態圈的貢獻，給予玩家各種獎勵（如果你是小說《一級玩家》的粉絲，就會懂我們在說什麼）。這種被稱為「邊玩邊賺」（Play-to-Earn）的新遊戲模式，已經成了未來「後匱乏世界」理論上可行的經濟體系。在新冠疫情肆虐下，Axie Infinity 吸引了數千名尋找新收入來源的開發中國家的玩家。

當你在這個市集進行交易時，賣方必須支付4.25%的手續費。這筆經費除了部分被遊戲公司作為後續開發之用，同時也會存入一個社群公庫，作為AXS持有人透過質押（staking）方式以獲取利得的本金，類似定期存款以及儲蓄存款的概念。

如同OpenSea一樣，Axie Infinity交易市集也不接受PayPal支付以及信用卡付款，但小額交易可以使用MetaMask錢包（詳見第二章），大額交易則需使用像Coinbase（www.coinbase.com）這類的加密貨幣交易所。

所謂大額交易與小額交易對不同的人而言具有不同的意涵，完全取決於當事人對於交易的便利性以及安全性的考量。我所謂的小額交易，金額會相當於我在任何時間點身上願意放的現金金額；大額交易因為很少發生，所以我願意接受一些安全性程序的不便來保障我的資金安全。

CryptoPunks 交易市集

2017年6月成立的「加密龐克」（CryptoPunks）（www.larvalabs.com/cryptopunks）是最早出現的NFT交易市集之一。加密龐克由位於紐約的Larva Labs所開發並建構在以太坊區塊鏈網路上，由10,000個演算法所產生的獨特24×24畫素藝術圖片組成（這不禁令人回想起早年的電玩）。每一章圖片都具有各自的資料頁面，說明其屬性

和所有權狀態。

一開始，任何擁有以太坊錢包的人都可以申購加密龐克，但如今他們的售價已經高達數百萬美元。舉例來說，加密龐克＃7523在蘇富比2021年6月的網路拍賣會上以11,754,000美元成交。

由於加密龐克的圖片過於龐大，存放於以太坊並不符合經濟效益，所以NFT所代表的圖片經過雜湊後以雜湊值寫入區塊鏈。

在第六章介紹過的雜湊函式，即是一種將任意數量的數據（如加密龐克圖片），經過演算使其縮減為精簡、大小固定又獨一無二的符號串。數據專家多年來運用雜湊處理大量的數位資訊，例如10,000個獨特的加密龐克。

要驗證你的加密龐克，你可以檢視以太坊上的智能合約並計算圖片上的SHA-256雜湊值，並與儲存在合約上的數值比對。

加密龐克可以經由下列幾個步驟獲得：

1. **如果你還沒有錢包的話，下載並安裝 Chrome 瀏覽器的插件——MetaMask 錢包。**

    更多 MetaMask 資訊詳見第二章。
2. **購買或從其他帳戶轉入一些以太幣。**

3. **在 Chrome 瀏覽器中前往** www.larvalabs.com/cryptopunks/forsale**。**

4. **在 Larva Labs 網站上用 MetaMask 帳號登入。**

Larva Labs網站辨識錢包後,介面上會出現一些按鈕,讓你可以直接在瀏覽器上競標、購買與販賣加密龐克。

NBA Top Shot 交易市集

NBA與《謎戀貓》的開發團隊Dapperlabs在2019年合夥成立了Top Shot交易市集(https://nbatopshot.com,按:目前台灣無法使用該網站,需透過VPN才能瀏覽和購物)。這個交易市集與NBA以及籃球員工會簽訂的授權合約大受歡迎,第一年就有了數億美元的業績。

 數位時代一個非常重要的特色就是資訊可以被無限制的複製和分享,因此網路世界不會出現「物以稀為貴」的現象,盜版的資訊免費且到處都是。區塊鏈科技之所以帶來革命性的影響,在於用低到可忽略的成本創造出數位產品的稀缺性。如此一來,類似運動紀念品等產業就可以在數位世界重啟爐灶。

複製NFT所代表的媒體檔案是可行的,但只要有適當的安全措施,NFT的所有權紀錄就很難被竄改,因為它已經安全地儲存於區塊鏈的分散式網路上。投資者之所以會購買這些運動NFT,是因為相信這種新的運動紀念品永遠都會有人樂於收藏,就像那些老派的籃球、棒球

與足球卡片。

Top Shot交易市集販售4種不同等級的收藏代幣，從10,000枚的一般版本到僅只1枚的終極版本。每筆交易Top Shot都會收取5%的費用，由Dapper和NBA均分。在NBA Top Shot購買NFT既簡單又直覺，因為可以使用信用卡或加密貨幣購買，網站對使用者也非常友善。

Rarible 交易市集

成立於2020年的Rarible（https://rarible.com）很快就大受歡迎成為最具規模的NFT交易市集之一，短短18個月就有1億5,000萬美元的營業額。任何人都可以在Rarible上購買與拍賣數位藝術作品，所以你想得到的NFT這裡幾乎都買得到。此外，這裡也有一種治理型代幣RARI，可以讓使用者針對平台的功能、收費等相關議題進行提案並表決（其他有關治理型代幣的討論，請詳第四章）。

Rarible採用創作者自行上架的作法，因此NFT的種類非常多元，對新手而言，簡直可說是眼花撩亂無所適從。Rarible上的內容創作者有兩種做法可以販售NFT：立即購買或拍賣。

買家則可以針對各種不同類型的NFT來進行分類與篩選，你一定能找到喜愛的項目。Rarible平台會收取2.5%的佣金，但對藝術家或投資者不會要求收取上架費。NFT的原創者還可以選擇對作品未來的轉手收

取額外費用。Rarible不支援信用卡和PayPal支付，必須使用第二章中我們教你安裝的MetaMask錢包，或從其他錢包轉帳加密貨幣才可以購買。

與大多數加密網站相同，你可以透過在瀏覽器內的以太坊錢包插件與網站互動。在撰寫本段時，MetaMask錢包（一個Chrome瀏覽器的插件）提供最佳的使用者體驗。一旦擁有了以太坊錢包，連線到Rarible並依照下列步驟填入個人資料：

1. **前往** https://rarible.com/。
2. **點擊「登入」(Sign In)。**
3. **在出現的新頁面，點擊「用 MetaMask 登入」。**
4. **在下拉選單中點擊「我的個人資料」(My Profile)。**
5. **點擊「編輯個人資料」(Edit Profile)。**
6. **加入個人照片與封面圖片。**
7. **輸入帳號資訊。**
8. **（非必要）連結社交媒體帳號以分享收藏。**
9. **（非必要）設定自訂網址。**

完成後你就可以創建新的NFT或開始收藏喜愛的NFT。

SuperRare 交易市集

在SuperRare（`https://SuperRare.com/market`），你可以收藏並買賣單一版本的數位藝術品。SuperRare上推出的作品不僅美觀，而且價格經常昂貴到令人傷腦筋。這個2018年成立於美國的交易市集，建構在以太坊網路上，NFT則依據常見的ERC-721標準發行。

SuperRare將自己定位為NFT世界裡的佳士得拍賣行，因此對於賣方的要求比其他平台都來得高。每一件販售的NFT都出自知名藝術家的數位創作，所有交易都必須使用以太坊的原生幣——以太幣（`Coinbase.com`是一個使用一般銀行帳戶就可輕易購買以太幣的網站）。

以下是SuperRare關於交易的規定：

>> **所有買賣**：買方付3%的交易手續費。

>> **首賣作品（Primary sales）**：買方付15%佣金，後續作品轉手時附帶10%權利金。

>> **公測版作品（Beta Launch Artwork）**：代幣編號小於4,000的NFT屬於SuperRare開放公測時的作品，有另外的固定費率。這類早期作品沒有交易手續費或首賣的15%佣金，但後續轉賣則收取3%的佣金。

SuperRare認為轉賣時收費是支持藝術家創作最好的方法，也是藝術圈最好的創新之一。

Alcor NFT 交易市集

Alcor（https://greymass.com/en）和一般交易市集有很大不同，成立於2020年，這個去中心化交易所（DEX）讓NFT買家與賣家直接點對點連結。因為完全沒有第三方的監管，使用者完全掌控自己的私鑰，對新手而言比較難以掌握，比較適合老手使用。總而言之，使用這個平台的彈性較大，藝術家可以免費自行上架藝術作品進行販售。Alcor也提供免手續費的NFT交易。

Alcor是網路上成長非常快速的去中心化交易所。和其他多數的NFT交易市集不同，Alcor建構在EOSIO區塊鏈上，並且和BOS、EOS、Proton、TELOS以及WAX區塊鏈整合。在這個平台上，你除了可以創作與上架NFT外，還可以做許多其他的事情，例如你也可以創建：

>> **代幣的流動性池（liquidity pool）**：這是指一池被鎖在智能合約內的代幣，可提供流動性，方便去中心化交易所進行交易。

>> **加密貨幣的限價／市價交易**：用來預防市場波動的交易策略。

>> **代幣**：可用來發行權益或替代其他形式的資產。

>> **配對交易**：一種市場中性交易策略，指無論市場朝哪個方向移動，都能為投資人提供利潤。

Alcor不允許使用信用卡或PayPal存提款，MetaMask也無法在Alcor網站使用。要使用Alcor，

你必須使用Anchor錢包（https://greymass.com/en/anchor/download）。Anchor錢包有桌機版和手機版，方便使用者登入、簽署文件以及執行智能合約。

如果你選擇使用手機版的Anchor錢包，Anchor錢包將會用軍事規格的加密方式，將你的私鑰與手機的生物特徵資訊一起保存在安全隔離區（secure enclave）之中。

所謂隔離區（enclave），意指獨立於中央處理器控制之外的區域，可以提供敏感的使用者資訊額外的安全保障。

Binance 交易市集

中國加密貨幣交易所「幣安」（www.binance.com）在2021年成立NFT交易平台，當時販售安迪・沃荷（Andy Warhol）以及達利（Salvador Dali）兩位傳奇藝術大師的作品。幣安上有各種NFT，涵蓋運動、電競、收藏品、娛樂以及數位藝術等領域。幣安交易平台建構在幣安智能鏈上，使用的是幣安本身的BEP-721代幣標準，但也同時支援以太坊網路上的NFT。

在幣安智能鏈（Binance Smart Chain）以及以太坊上創建的NFT都必須繳交區塊鏈網路使用費。除了這些費用外，在幣安的NFT交易市

集所創作的代幣還必須以幣安幣（BNB）繳付1%的上架費。

藝術家可以選擇將作品以拍賣或定價方式擇一出售，並從數種不同的加密貨幣中擇一接受付款。對於任何後續在平台上的NFT轉手交易，藝術家可獲得1%的權利金；如果你將持有的NFT轉入幣安平台，後續轉售時你同樣可以獲得1%的權利金。目前還沒有一個全球公認的代幣標準可以保障在發行的平台之外獲取權利金，但這個現象不久之後可能改變。

在幣安上創作NFT簡單明瞭，只要輸入一些NFT的基本資料以及銷售類別與期限，通過幣安團隊審核即可上架。幣安的NFT交易平台和其加密貨幣交易所彼此連線互通，讓你更容易取得NFT。你可以透過匯款或金融卡將資金轉入交易所帳戶後購買NFT。

 絕對不要在交易所的帳戶存放大筆資金，容易遭到駭客攻擊。

Foundation NFT 交易市集

Foundation NFT交易平台（https://foundation.app）正在為藝術家、創作者以及收藏家建構一個新型創意經濟。如同其他NFT交易市集，懂得善加利用Foundation平台的藝術創作者，不但可以因其作品獲取豐厚的報酬，還可以和粉絲建立深厚的關係。成立於2021年的

Foundation交易平台，短短幾個月之間營業額就高達數億美元。

如果想要在Foundation平台開始收集NFT，先前往Foundation首頁，點擊右上角的「連結錢包」（Connect Wallet），然後從出現的選單中選擇MetaMask。連結MetaMask後，即可登入Foundation網站上的交易市集。

Foundation市集的NFT以保留價（reserve price）的方式拍賣。在第一位有興趣的買家率先開價後，其他收藏家可在24小時內陸續競標。競標結束前15分鐘內如有人出價，則繼續延長15分鐘。

想要以藝術家身份加入Foundation平台，必須被平台上既有的藝術家邀請。一旦收到邀請，你就可以使用MetaMask錢包建立藝術家個人資料。除了提供藝術作品的JPG或PNG檔外，你還需要一些以太幣來支付以太坊區塊鏈的上架費（上架費會隨市場需求進行動態調整）。

Foundation會將你的檔案上傳到InterPlanetary File System（IPFS，一種用來儲存與分享大量資訊的協定與P2P分散式檔案系統）。之後，你可以為作品設定價格（ETH）並放上平台拍賣，而作品最終售價的85%會歸你。此外，如果作品後續在Foundation、OpenSea或Rarible這三個平台轉售，你還可以獲得10%的權利金。

Crypto.com NFT 交易市集

Crypto.com平台（https://crypto.com/nft）是NFT交易市集的新成員。Crypto.com是香港加密貨幣交易所經營的交易平台，因此要將資金移轉到你的錢包來購買NFT十分容易。

成立於2021年，這個市場建構於Crypto.org Chain區塊鏈上，屬於開放原始碼的公有區塊鏈，可供支付、去中心化金融以及NFT使用。

Crypto.com交易平台成立時推出獨家銷售的奧斯頓・馬丁高知特F1車隊所發行的F1收藏品，首發的NFT包括該車隊車手塞巴斯蒂安・維特爾（Sebastian Vettel）、蘭斯・斯托爾（Lance Stroll）以及奧斯頓・馬丁的車輛。美國著名饒舌歌手史努比狗狗（Snoop Dogg）也在這裡發行許多代幣。

本書撰寫之時，Crypto.com對藝術家與買家都不收取任何費用，你可以輕易設立帳戶並在錢包中加入資金。藝術家對轉手買賣成交價可抽取最高達10%的權利金。Crypto.com接受信用卡付款，在這個平台購買NFT不需使用加密貨幣。

第 13 章

10 個價值不菲的 NFT

在本章中,你將探索本書寫作當時史上最昂貴的NFT以及其背後的創作藝術家們。如今世界科技發展瞬息萬變,藝術家創作與分享作品的方式也同樣地迅速轉型。(按:時至今日,最昂貴的NFT前10大排行榜已經歷重新洗牌,因此下列NFT此刻未必仍位居榜上,但不影響我們探索它們曾經的輝煌與其創作的時空背景。若有影響前10大排名的最新NFT成交資訊,會於下方適當處加註。)

因為NFT代表了對藝術家與收藏家有利的權力轉移,了解最受追捧的NFT以及他們背後的創作歷程與理念是很有幫助的。本章將協助你更深入地認識這席捲全球的NFT現象,還有從這個新浪潮中獲益最多的藝術家們。你同時也可以更了解究竟是誰迫不及待願意出高價收藏這種新型藝術。

EVERYDAYS: THE FIRST 5000 DAYS（每一天：最初的 5000 天）

https://onlineonly.christies.com/s/beeple-first-5000-days/beeple-b-1981-1/112924

按：Pak的〈The Merge〉在2021年12月初以將近9,200萬美元成交，超越Beeple的〈每一天：最初的5000天〉，成為目前史上最貴NFT。

迄今成交價最高的NFT作品是由數位藝術家麥克·溫克爾曼（Mike Winkelmann，綽號Beeple）創作的〈每一天：最初的5000天〉。這位來自美國南卡羅來納州的平面設計師和動畫藝術家在Instagram上吸引了超過180萬追蹤者，除了路易·威登（Louis Vuitton）、耐吉（Nike）外，也和凱蒂·佩芮（Katy Perry）、淘氣阿甘（Childish Gambino）等藝人有合作。

自2007年5月開始，Beeple每天都在網路上發表一篇新創作。〈每一天：最初的5000天〉就是由這不間斷的5,000幅數位圖片彙集組成的作品。這件作品之所以出名，是因為他是由著名拍賣行佳士得首件完全以NFT形式賣出的藝術作品。

Beeple絕不只是將5,000件毫不相關的圖片拼湊成這幅名作，而是大略依照它們公開的時間順序，將其拼貼組合成具有重複主題、色彩調

和以及藝術美感的完整作品。如果你將整件作品當中的各別圖片放大觀賞，就會發現Beeple從基本的平面圖形演進到立體的數位圖片。作品當中反覆出現諸如科技與社會的關係、財富以及美國政治的動盪等等主題。

Beeple在這幅拼圖作品中創作的第一張圖片是他暱稱為「Uber Jay」的吉姆叔叔的素描。之後的作品則逐漸進化成立體，例如美國前副總統麥克·彭斯站在白宮屋頂上，頭上還有一隻蒼蠅的作品。這幅於2020年副總統競選辯論後立即完成的畫作，是他的作品中比較有時事性的，主要表達對川普執政的政治評論。如果把〈每一天：最初的5000天〉當成一件作品來看，無法看見當中每一幅各別圖片的內容，但JPEG版本的NFT所儲存的資料量大到可以讓持有者放大欣賞每一件各別圖片的詳細內容。

Beeple表示他在藝術這條路上的進化，主要更聚焦於回應時事。他希望藉由將作品立體化，及時對發生的時事作出評論。

〈每一天：最初的5000天〉在2021年3月11日以6,930萬美元的驚人天價售出。雖然剛開始的時候僅從100美元起標，但到拍賣結束前幾秒時，出價來到將近3,000萬美元。隨後因為還有人在最後時刻陸續競標，拍賣會延長2分鐘，結果將得標價衝高到6,930萬美元。根據售出這件作品的佳士得拍賣行表示，這件作品的成交價是繼傑夫·昆斯（Jeff Koons）和大衛·霍克尼（David Hockney）兩人之後，現存藝術家當

中所拍出的第三高價。

得標者是維格內什‧桑達里森（Vignesh Sundaresan），在加密貨幣圈中又名梅塔克文（Metakoven），是世界最大NFT基金Metapurse的創始人。由於〈每一天：最初的5000天〉是在以太坊區塊鏈上創作，所以桑達里森會獲得以太坊區塊鏈上獨一無二的NFT代碼以及超大的JPEG檔案。

CryptoPunk #7523（加密龐克 #7523）

www.larvalabs.com/cryptopunks/details/7523

第二高價的NFT「加密龐克#7523」，是由Larva Labs的創辦人麥特‧浩爾（Matt Hall）和約翰‧華特金森（John Watkinson）所創作的外星人龐克之一。「加密龐克」是Larva Labs於2017年創作的一組10,000名像素藝術角色，最初免費在以太坊區塊鏈上發放，可說是以太坊上最早的NFT之一，為日後幾乎所有數位藝術與收藏品都使用的ERC-721標準奠定了基礎。

每一個龐克角色都各具特色，沒有任兩個是完全相同的，而以太坊上總共有10,000個龐克，其中最稀有的當屬9個外星人龐克，另外還有24隻猿猴型龐克、88個殭屍型龐克、3,840個女性龐克與6,039個男性龐克。

有許多龐克會有類似的配件，如菸斗、太陽眼鏡、帽子與眼罩等，但藉由不同配件、膚色以及角色種類的混搭，形成各具特色的形象。

所有的加密龐克角色都是24×24像素、8位元的NFT，以極簡風格著稱。#7523有著藍綠膚色、右耳掛著小金耳環、頭戴咖啡色豆豆帽、臉上還戴了新冠疫情爆發後的標準配備口罩（雖然創作當時完全沒有這個意思，這可能正是#7523能成為史上最高價成交的加密龐克的最大原因）。

創作者浩爾與華特金森是非常有創意的科技人，他們經手過的軟體類型不計其數，包含大規模網頁的基礎建設到基因組分析等領域。除了加密龐克外，他們還創作了Autoglyphs，是第一個在以太坊區塊鏈上的鏈上生成藝術（所謂「鏈上」，意指藝術作品本身也儲存在區塊鏈上）。他們和高知名度的公司如Google、微軟有合作關係，甚至也為安卓系統設計AppChat應用程式。Appchat會替手機上的每一個APP成立聊天室（按：也就是讓所有使用同一個應用程式的用戶可以在聊天室中交流）。

#7523在2021年6月10日的蘇富比名為「Natively Digital: A Curated NFT Sale」的線上拍賣會上以1,175萬美元售出。之所以能賣這麼高的價格，一部分原因是加密龐克在NFT圈與加密貨幣圈的核心地位。加密龐克在線上象徵某種特殊的身分，持有一個加密龐克等於是擁有最受追捧的NFT之一。

美國體育博彩公司DraftKings的最大股東——以色列企業家謝龍‧麥肯錫（Shalom Meckenzie）買下了#7523。他同時也在2007年成立了網路博弈科技供應商SBTech，並擔任負責人直到2014年5月。

按：加密龐克#5822於2022年2月以約2,300萬美元售出，成為最貴的加密龐克。

CryptoPunk #3100（加密龐克 #3100）

www.larvalabs.com/cryptopunks/details/3100

接下來名單上第三高價的NFT是另一個加密龐克，編號#3100。加密龐克在NFT史上最高價排行榜上佔據許多席次，我們這份十大名單有半數都是加密龐克。#3100同樣也是外星人加密龐克，有著藍綠膚色、光頭與藍白條紋頭巾。雖然戴頭巾的加密龐克共有406個，但沒有一個和這個外星人加密龐克完全相同。

每一個加密龐克都可以賣到相對高的價格，目前最便宜的訂價都要將近38,000美元。截至2021年7月為止，加密龐克的平均售價幾乎達到20萬美元，而所有加密龐克的總售價加起來超過5,500萬美元。

#3100於2021年3月11日在以太坊以758萬美元（4,200以太幣）售出。

買家除了Etherscan上的帳戶外，身分不得而知，但這位持有者最近開價35,000以太幣（相當於9,300萬美元）出售#3100。如果成交的話，#3100將成為有史以來最貴的NFT。

CryptoPunk #7804（加密龐克 #7804）

www.larvalabs.com/cryptopunks/details/7804

史上第四高價的NFT同樣是9個外星人加密龐克之一，編號#7804。這個外星人龐克的特色是頭戴暗灰帽子、眼掛黑色太陽眼鏡、嘴叼類似福爾摩斯用的那種褐色煙斗。雖然所有加密龐克中有378個有煙斗配件、317個有太陽眼鏡，#7804是外星人加密龐克之中唯一兩者兼具的。

Figma公司執行長迪倫·菲爾德（Dylan Field）是#7804的原收藏者，但他在2021年3月10日將其售出。在最初取得時，他曾宣稱他擁有了「數位版的蒙娜麗莎」。藍皮膚、戴帽、抽煙斗的低解析度外星人圖案原本不被認為有甚麼價值，但當加密龐克的價值在NFT圈中不斷攀升之後，這個NFT的價格就直衝上天，最終以757萬美元成交。

有趣的是，4,200 ETH的成交價和#3100完全一樣，但由於成交時間不同，以太幣的兌換率有所變動，因此換算成美元時，#7804的金額就

相對少了一點。

#7804的新買主除了Etherscan帳戶外，身分不詳，但從帳戶可以得知他還擁有另外5個加密龐克。本書撰寫時，該位新買主有意以3億8,386萬美元出售，這個價格遠遠超過任何其他NFT。

CROSSROAD（交叉路口）

```
https://niftygateway.com/marketplace/item/0x12f28e21
06ce8fd8464885b80ea865e98b465149/100010001
```

目前為止，價值最高NFT排行榜上排名第五的是Beeple另一件名為〈交叉路口〉的作品，最初在2020年美國總統大選前售出。而和其他大多數NFT不同的地方，是作品內容會根據選舉結果不同而有所改變。根據選舉結果，這個NFT現在呈現一段10秒鐘的影片，片中美國前總統川普裸身趴在公園草地上，身上寫滿競選標語以及各種媒體上的描繪。路人在川普身旁人行道上穿梭，同時一隻藍色鳥兒（象徵推特的吉祥物）落在川普身上，發出一則小丑表情符號的推特文。

但若川普當初贏得選舉，這段影片就會被改為呈現渾身肌肉的川普，頭戴皇冠、腳踏火焰風光前行。第一個購買NFT的人無法預知最終成品會如何，這也是Beeple的本意——評述當時狀況的不確定性。儘管第一個買家在不知道成品長相的狀況下購入了這個NFT，但在2021年

2月（大選結果底定後數個月）接手的買家是知道成品樣貌的。

〈交叉路口〉是Beeple在Nifty Gateway（數位藝術交易平台）上首次販售作品的一部分，這個交易平台隸屬於加密貨幣交易所Gemini。這件作品最早的買家是名為「Pablorfraile」的推特用戶，他在2021年2月22日以超過原始購入價格100倍的660萬美元轉售給一位帳戶名為「Delphina Leucas」的匿名新買主。這是Beeple個人第二，也是NFT史上第五高價的作品。

如同拼貼成〈每一天：最初的5000天〉的每一張圖片，〈交叉路口〉用具挑釁意味的方式展現了Beeple經典的政治評論。這個NFT也同時存在以太坊區塊鏈上，當時的成交價是NFT史上最高，一直到幾個星期以後被〈每一天：最初的5000天〉打破。

OCEAN FRONT（海濱）

https://niftygateway.com/marketplace/item/0x0151834a
6997f89eb8372ac54ac077d79bb4d1e0/32200070001

藝術家Beeple還有另一件作品名列世界上最高價NFT排行榜當中——排名第六的〈海濱〉，是針對氣候變遷所帶來的挑戰的作品。這件數位藝術作品的畫面呈現一座從海平面架起的平台，從平台上層層堆疊的貨櫃與掛車堆中長出了一棵樹。整體畫面看來，翠綠色的樹葉、

蔚藍的天空與下方骯髒銹蝕的容器形成明顯的對比。此外,天空中也出現象徵污染的黑雲、霧霾,背景中則有電桿、電線以及飛鳥點綴。

Beeple曾解釋這件作品代表的是若人類對氣候變遷無所作為所要面臨的後果。〈海濱〉原本屬於〈每一天:最初的5000天〉的一部分,標題為「我們可以同心解決這個問題」。這件作品在Nifty Gateway上拍賣時,有3名推特用戶@3fmusic、@BabyBelugaNFT以及波場(TRON)基金會創始人兼執行長孫宇晨陸續競標,起標價為277萬美元,最後孫宇晨以600萬美元得標。

孫宇晨在業界以投資加密貨幣圈聞名,過去曾標得許多NFT藝術作品。他也曾參與佳士得拍賣〈每一天:最初的5000天〉的競標,最終出價6,000萬美元,輸給6,900萬美元的成交價。他說明之所以購買〈海濱〉,是為了協助波場基金會進入NFT市場。他計畫不久後成立一個NFT基金會(按:JUST NFT基金會),雇用相關藝術家和顧問以擴大這個市場。雖然〈海濱〉最初是在以太坊區塊鏈上創建,但他打算將之永久儲存在波場區塊鏈以及去中心化的BTFS儲存系統上。

為了呼應〈海濱〉所要表達的氣候變遷主題,Beeple承諾捐出作品的全部所得600萬美元給Open Earth基金會(https://openearth.org)來改善氣候變遷。這是一個非營利組織,尋求開發一個開放式數位基礎平台,協助改善氣候變遷問題。

CryptoPunk #5217（加密龐克 #5217）

www.larvalabs.com/cryptopunks/details/5217

加密龐克#5217佔據史上最高價NFT排行榜第七名的位置，這是24個猿猴型龐克之一，配戴金鍊與橘色的毛線帽。在所有龐克中，共169個有金鍊、419個有毛線帽配件。猿猴型龐克在加密龐克世界裡，本來就是僅次於外星人龐克的第二稀有種類，有意出售的賣家很少。#5217可能就是因為上述原因才以這麼高的價格售出。

持有人「Snowfro」在2021年7月30日以545萬美元（2,250以太幣）將#5217賣給僅知EtherScan帳戶的買家。當時#5217的成交金額是當月NFT交易的最高價。#5217一如所有其他Larva Labs的加密龐克，在以太坊區塊鏈上創建。

World Wide Web Source Code（全球資訊網原始碼）

https://www.sothebys.com/en/buy/auction/2021/
this-changed-everything-source-code-for-www-
x-tim-berners-lee-an-nft/source-code-for-the-
www?locale=en

排名第八的NFT將會帶領你回到網際網路的起源，因為這枚以區塊鏈為基礎的代幣所代表的是全球資訊網（WWW）的原始碼。WWW的發明者提姆・柏內茲－李（Sir Tim Berners-Lee）宣布將在佳士得拍賣會出售代表該網路原始碼的NFT。

NFT本身呈現的是一連串黑底白色的程式碼，極度單調的視覺影像將五光十色的網路世界還原到最單純的根源面貌。雖然這枚NFT代表網路的原始碼，但並不是原始碼的真身。真正的原始碼屬於公眾領域的開放資源，任何人都可以隨意查看並複製。

這個NFT的標題〈這改變了一切〉（This Changed Everything）充滿意境與藝術性，實際內容則包含原始碼檔案、刊載完整原始碼的數位海報、來自柏內茲－李的一封信，以及在螢幕上輸入原始碼的半小時影片。

有趣的是，影片竟然包含了一個可能增加NFT價值的編碼錯誤。好幾個原本以C語言編寫的字元被誤植為網路誕生後才出現的HTML語言，這個錯誤是被藝術收藏品分散式自治組織PleasrDAO的史考特・柏克（Scott Burke）所發現。

柏內茲－李（又稱TimBL）是一位英國知名電腦科學家，他在1989年發明WWW的初衷是幫助科學家們在網路上彼此分享資訊。當他決定免費釋出原始碼，等於是將網際網路開放給任何人使用。WWW建立

以後，他不但被英國女皇伊莉莎白冊封為騎士，也被時代雜誌評選為「20世紀最重要的100人」之一。

這枚在以太坊區塊鏈上創建的NFT於2021年6月30日以540萬美元賣給一不知名買家。在紐約佳士得進行為期一週的拍賣時，起標價為1,000美元，可是在拍賣結束前15分鐘，一連串的競標把價格提高到540萬美元。

Stay Free（保持自由）

https://foundation.app/@Snowden/stay-free-edward-snowden-2021-24437

最高價ＮＦＴ排行榜上，排名第九的是這個由美國國家安全局（National Security Agency, NSA）吹哨者愛德華·史諾登（Edward Snowden）在以太坊區塊鏈上創建並拍賣的〈保持自由〉。這件作品複製了2015年美國第二巡迴上訴法院的判決——美國公民自由聯盟對美國國家情報局長詹姆斯·克拉珀訴訟案（ACLU v. Clapper），裁定NSA違法進行大規模監控情蒐。這個數位作品在一堆法院判決相關文件上覆上了史諾登的肖像，由英國攝影師普雷頓（Platon）用史諾登於莫斯科接受專訪後拍下的照片製成。史諾登在作品的右下角留有親筆簽名。

史諾登是美國政治史上最著名的揭密案件主角，當他發現NSA對美國民眾進行大規模監控情蒐時，他已在該局以外部合約聘雇者的身分工作4年。逃離美國之前，他公開了許多高度機密的文件，這些公諸於世的文件所揭示的內容，引發了社會對於國家安全以及個人隱私之間許許多多的討論。

史諾登在2021年4月16日以540萬美元（2,224以太幣）售出這枚NFT，他沒有將這筆錢收歸己有，而是捐給了由他擔任主席的「新聞自由基金會」（the Freedom of the Press Foundation）。該基金會由其理事會運作，理事會成員包含另一吹哨者丹尼爾‧艾爾斯伯格（Daniel Ellsberg）、作家葛倫‧格林華德（Glenn Greenwald）、演員約翰‧庫賽克（John Cusack）等知名人物。

史諾登在該新聞基金會的聲明中曾說過：「密碼學近來的應用發展，可以在維護個人隱私權上扮演重要的角色。」他相信這枚高價拍賣的NFT可以促進密碼學在維護個人隱私方面的運用發展，更加保障新聞自由。

標下〈保持自由〉NFT的買主，與發現上一枚WWW原始碼NFT內錯誤的買主同樣是藝術收藏品分散式自治組織PleasrDAO。這個組織目前同時擁有〈保持自由〉以及由台灣出身的數位藝術家pplpleasr所創作的〈x*y=k〉2枚NFT（按：該組織目前擁有11枚NFT。）。pplpleasr最近才以榮譽會員的身分加入這個藝術收藏品分散式自治組織，其大

多數的會員彼此都素未謀面，有些人直到現在都還身分不明，但他們都秉持組織應該要造福社會眾生的共同理念。他們之所以購買史諾登的NFT，是因為認同史諾登讓一切公開透明的想法，而這也正好是區塊鏈能夠協助達成的。

CryptoPunk #7252（加密龐克 #7252）

www.larvalabs.com/cryptopunks/details/7252

史上十大最高價NFT排行榜上排名最後（第十）的是加密龐克 #7252。這是排行榜中第五個加密龐克，也是唯一擠進榜中的殭屍型龐克。殭屍型龐克的總量僅有88個，在加密龐克中的稀有度僅次於外星人龐克和猿猴型龐克，排行第三。

這名綠皮膚的殭屍下巴處有褐色頰帶，耳朵上有金色耳環，一頭狂野紅髮，以及發紅的雙眼。在10,000個加密龐克中，282個配有頰帶、414個有狂野的髮型、2,459個佩掛耳環。

這枚NFT雖然在10大排行榜上位居最末，但卻是最近期完成的交易。馮博在2021年8月24日以533萬美元（1600以太幣）買下#7252，為賣方取得成本253萬美元的兩倍多。與所有其他加密龐克相同，這枚NFT也是在以太坊區塊鏈上創建的。

馮博是一名中國投資者，手中還握有其他6名人類型加密龐克。馮博的投資行為，象徵中國網路投資者以購買NFT進入加密貨幣市場的整體趨勢中的一部分。中國另一位投資者，同時也是美圖公司的創辦人蔡文勝，最近也購買了另一個加密龐克#8236。美圖是最早大量投資加密貨幣的中國公開上市公司之一，2021年初即已購入價值1億美元的以太幣和比特幣。

索引

關於作者

Tiana（T）和Seoyoung（Soy）是多年好友，非常高興分別以投資人以及教授的身分首次共同完成本書的創作。T和Soy都熱愛美食、美酒以及有趣的話題。本書因為她們彼此的共同愛好而得以實現。

獻詞

本書獻給我們的家人：T的姊妹Alea與McKella，Soy的父母Mama Kim與Papa Kim、好姊妹Celi和天使乾女兒Maddie。感謝你們付出的愛，我們也愛你們。

作者的感謝

本書的完成歸功於許多才華洋溢的人共同發想、努力以及支持。以下感謝的對象，不因表達次序先後而有差別。我們首先要感謝的是編輯團隊：總編Steve Hayes讓一切得以發生、編輯Paul Levesque和Nicole Sholly掌握進度、校稿Becky Whitney的細心，確保這本提供給新手閱讀的入門書言之有物，且沒有因為錯誤讓我們鬧笑話。此外，我們還要感謝技術編輯Philip Lee、Andre Nash和Alex Cracraft等人對細節部分付出的努力和專注。

Tiana也對開放熱情的區塊鏈圈與NFT圈在她過去多年寫作、學習以及投資過程中所提供的支持與指點表達謝意，尤其是Scott Robinson、Casey Lawlor、Alyse Killeen、Jeremy Kandah、Anthony Shook、Tom Bollich、Bram Cohen、Brian Behlendorf以及許多其他曾經協助她了解區塊鏈技術及其未來發展的人。此外，她還要感謝研究團隊的成員Joe Leonard和Will Rice。

Seoyoung特別要感謝灌輸科技概念並將她帶進矽谷的摯友兼同事Sanjiv Das；開啟她學術生涯的好友兼人生教練Atulya Sarin；第一個建議她開設金融科技課程的好友兼導師George Chacko。Seoyoung所有相關的構想和寫作，都是以上幾人專業指導和思想引領的結果。

出版商的感謝

責任編輯：Steve Hayes
資深編輯：Paul Levesque and Nicole Sholly
校稿編輯：Becky Whitney
技術編輯：Philip Lee, Andre Nash, and Alex Cracraft

製作編輯：
　Mohammed Zafar Ali
封面圖片：©Oculo/Adobe Stock Photos

NFT投資聖經

全面即懂的終極實戰攻略，從交易、發行到獲利，
掌握市值破千億的元宇宙經濟商機

作者蒂安娜・勞倫斯 Tiana Laurence、金瑞榮 博士 Seoyoung Kim, PhD
譯者布萊恩
主編趙思語
封面設計羅婕云
內頁美術設計李英娟、徐昱

發行人何飛鵬
PCH集團生活旅遊事業總經理暨社長李淑霞
總編輯汪雨菁
行銷企畫經理呂妙君
行銷企劃專員許立心

出版公司
墨刻出版股份有限公司
地址：台北市104民生東路二段141號9樓
電話：886-2-2500-7008／傳真：886-2-2500-7796
E-mail：mook_service@hmg.com.tw
發行公司
英屬蓋曼群島商家庭傳媒股份有限公司城邦分公司
城邦讀書花園：www.cite.com.tw
劃撥：19863813／戶名：書虫股份有限公司
香港發行城邦（香港）出版集團有限公司
地址：香港灣仔駱克道193號東超商業中心1樓
電話：852-2508-6231／傳真：852-2578-9337
製版・印刷漾格科技股份有限公司
ISBN978-986-289-702-7、978-986-289-704-1（EPUB）
城邦書號KJ2051 **初版**2022年4月
定價499元
MOOK官網www.mook.com.tw
Facebook粉絲團
MOOK墨刻出版 www.facebook.com/travelmook
版權所有・翻印必究

國家圖書館出版品預行編目資料
NFT投資聖經：全面即懂的終極實戰攻略,從交易、發行到獲利,掌握市值破
千億的元宇宙經濟商機/蒂安娜,勞倫斯(Tiana Laurence), Seoyoung
Kim作/布萊恩譯.--初版.--臺北市:墨刻出版股份有限公司出版:英屬蓋
曼群島商家庭傳媒股份有限公司城邦分公司發行, 2022.04
312面; 14.8×21公分. --(SASUGAS; 51)
譯自:NFTs For Dummies
ISBN 978-986-289-702-7(平裝)
1.CST: 電子貨幣 2.CST: 電子商務
563.146   111003182